供应链集中度
与营运资金
动态调整研究

周华 刘杰 ◎ 著

中国财经出版传媒集团

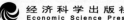

经济科学出版社

Economic Science Press

·北 京·

图书在版编目（CIP）数据

供应链集中度与营运资金动态调整研究/周华，刘杰著．－－北京：经济科学出版社，2023.11

ISBN 978 - 7 - 5218 - 4953 - 0

Ⅰ.①供… Ⅱ.①周…②刘… Ⅲ.①企业管理 - 供应链管理 - 研究 - 中国 Ⅳ.①F279.23

中国国家版本馆 CIP 数据核字（2023）第 132135 号

责任编辑：梁含依 谭志军
责任校对：李 建
责任印制：范 艳

供应链集中度与营运资金动态调整研究

周 华 刘 杰 著

经济科学出版社出版、发行 新华书店经销

社址：北京市海淀区阜成路甲 28 号 邮编：100142

经管中心电话：010 - 88191335 发行部电话：010 - 88191522

网址：www. esp. com. cn

电子邮箱：expcxy@ 126. com

天猫网店：经济科学出版社旗舰店

网址：http：//jjkxcbs. tmall. com

北京季蜂印刷有限公司印装

710×1000 16 开 12.5 印张 200000 字

2023 年 11 月第 1 版 2023 年 11 月第 1 次印刷

ISBN 978 - 7 - 5218 - 4953 - 0 定价：60.00 元

本书编著得到以下课题项目的资助：

1. 广东省哲学社会科学规划项目（一般项目）（项目编号：GD21CYJ07）

2. 湛江市哲学社会科学规划项目（一般项目）（项目编号：ZJ22YB10）

3. 广东海洋大学博士科研启动项目（项目编号：R19040）

4. 广东海洋大学人文社科项目（项目编号：C19076）

5. 广东海洋大学教育教学改革项目（项目编号：010301092109）

6. 广东海洋大学研究生教育创新计划项目（项目编号：040515092201）

7. 广东海洋大学2023年度人文社会科学研究项目（项目编号：030301082301）

前　言

随着我国经济发展步入"新常态"，企业发展面临更为激烈的竞争环境，粗放式增长不再适合企业进一步发展，营运资金管理对于企业持续健康发展有着越来越重要的作用，不仅影响企业日常经营活动的质量效率，也会制约企业的生产与发展空间。2020年以来，新冠疫情暴发并席卷全球，企业经营面临的外部环境条件更加复杂多变，供应链资金吃紧趋势明显，重塑供应链关系，加强营运资金管理和提高营运资金使用效率已成为企业管理当局面临的重要问题。

现代市场竞争环境下，供应链关系对企业日常经营活动有着日益重要的影响，而供应链集中度则直观反映了企业与供应链上下游关系的密切程度，进而对企业营运资金管理活动产生深刻影响。供应链集中度对企业财务活动的影响主要基于竞争效应与合作效应两个方面：一方面，在企业日常营运活动中，随着供应链集中度的提高，供应商及客户在与企业合作中的地位不断提高，议价能力不断增强，进而要求企业提供更多的便利或优惠，导致企业营运资金需求增加，使实际营运资金占用与目标营运资金需求背离，引起企业资金使用效率下降及经营风险上升；另一方面，供应链集中度的提高也加深了企业与供应链上下游之间的合作关系，使二者形成利益共同体，这种利益共同体关系利于企业进行收益与风险的权衡，适时对营运资金需求进行调整。

本书基于供应链集中度的竞合效应，采用我国 A 股上市公司 2007～2020 年的财务数据，从动态角度实证研究了供应链集中度对企业营运资金偏离程度及调整速度的影响机理及作用效果，并进一步从公司内部治理角度和外部环境角度深入研究产权性质、高管薪酬激励、行业市场地位及环境不确定性对供应链集中度影响企业营运资金动态调整的调节效应。研究有以下发现。（1）我国上市公司营运资金需求存在目标值，供应链集中度是影响企业目标营运资金需求的重要因素，并对企业营运资金的偏离程度、调整速度及调整方向有显著的影响。供应链集中度越高，其实际营运资金偏离目标水平的程度就越大，向目标营运资金水平调整的速度也越快；从调整方向上看，营运资金向下调整的速度快于向上调整的速度，相对于供应链集中度低的企业而言，营运资金向下调整的速度快于向上调整的速度的现象在供应链集中度高的企业中更为明显。（2）供应链集中度对营运资金动态调整的影响在不同产权性质下存在异质性，相对于国有企业而言，供应链集中度对营运资金偏离程度及调整速度的影响在非国有企业中表现更为显著。（3）高管薪酬激励对供应链集中度影响营运资金偏离程度的效应总体上具有显著差异，相对于高薪酬激励的公司而言，供应链集中度对营运资金偏离程度的影响在低薪酬激励的公司中表现更为显著。高管薪酬激励对供应链集中度影响营运资金调整速度具有明显的调节效应，相对于低薪酬激励公司而言，高管薪酬高的公司的供应链集中度对营运资金调整速度的影响更为明显。（4）市场竞争地位对供应链集中度影响营运资金偏离程度具有显著调节效应，相对于高市场地位的公司而言，低市场地位公司下供应链集中度对营运资金偏离程度的影响较为明显；同时，供应链集中度对营运资金调整速度的影响在不同市场地位公司中具有显著效应。无论是低市场地位公司还是高市场地位公司，供应链集中度对营运资金调整速度的影响都是正向的，但低市场地位的公司供应链集中度对营运资金调整速度的影响更大。

(5) 环境不确定性对供应链集中度影响营运资金偏离程度和调整速度的调节效应因供应链环节不同表现出明显的差异性。高环境不确定性下，客户集中度对营运资金偏离程度具有显著的正向影响，但未发现供应商集中度对营运资金偏离程度具有显著的正向影响；同时，供应商集中度对营运资金调整速度具有显著的正向影响，但未发现客户集中度对营运资金调整速度具有显著的正向影响。然而低环境不确定性下，供应商集中度对营运资金偏离程度具有显著的正向影响，但未发现客户集中度对营运资金偏离程度具有显著的正向影响；同时，客户集中度对营运资金调整速度具有显著的正向影响，但未发现供应商集中度对营运资金调整速度具有显著的正向影响；而供应链整体集中度在以上效应中与客户集中度表现相同。

本书依据以上研究结果，结合企业内部治理和外部环境构建供应链集中度视角下我国上市公司营运资金动态优化模型，以期为我国上市公司在营运资金管理过程中提供有益参考。

本书研究贡献有三方面。第一，与大多数文献对营运资金问题的研究不同，本书主要从动态的角度研究供应链集中度与营运资金的关系，深刻揭示了供应链集中度对企业营运资金偏离程度与调整速度影响的作用机理及效果，加深了对营运资金管理问题的认识，同时也拓展了供应链集中度对企业财务行为影响的文献研究。第二，本书进一步拓宽了营运资金动态调整研究的理论边界。目前国内外有关营运资金动态调整的文献较少，已有关于营运资金动态调整的文献主要是基于公司特征、公司治理或外部环境的视角进行研究，忽视了与营运资金本身密切相关的供应链关系的影响。本书则从供应链集中度这一重要供应链关系出发展开研究，为进一步理解营运资金动态调整提供了崭新的视角。第三，本书进一步揭示了公司治理与外部环境下供应链集中度对营运资金动态调整的影响机理及效果，构建了供应链集中度下营运资金动态调整优化模型，提出了相应的优化措施，这为我国上市公司根据内外部环境条件妥善处理供应链合作关系、加强营运资金管理、提高企业资金使用效率及防范财务风险提供了经验证据和框架模式。

目　录

Contents

第1章 绪 论

1.1 研究背景与意义

1.1.1 研究背景

在我国经济发展速度放缓、市场由要素驱动和投资驱动转向由创新驱动的"新常态"下，各行业资金链趋紧，如何保持资产的流动性、减少企业陷入财务危机成为企业管理层最为关注的话题。据统计，我国制造业上市公司2017～2021年营运资金管理绩效整体呈现出不断恶化的趋势，企业存货周转期与应收账款周转期呈上升势头（见表1－1），采购渠道、生产渠道及销售渠道的营运资金周转期分别由2017年的38.67天、134.67天和91.18天上升到2021年的47.87天、144.58天和96.63天，经济活动整体现金周转期由2017年的220.08天上升到2021年的233.52天，企业营运资金管理正面临严峻的考验。

表1－1 　2017～2021年我国制造业上市公司营运资金周转期 　单位：天

年份	应收账款周转期	存货周转期	应付账款周转期	营运资金周转期
2017	91.18	134.67	38.67	220.08
2018	95.24	138.85	34.75	223.24

年份	应收账款周转期	存货周转期	应付账款周转期	营运资金周转期
2019	93.87	143.76	42.60	231.25
2020	90.52	146.84	48.19	242.02
2021	96.63	144.58	47.87	233.52

资料来源：根据国泰安数据库公布的我国上市公司财务数据并通过 Stata 软件处理得出。

从国际金融危机至今的企业破产案例来看，企业供、产、销资金链断裂往往是公司陷入困境直至破产的重要原因。有效的营运资本管理对于防止企业资金链断裂和预防债务危机有重要作用。在此背景下，企业在经营活动中如何最大限度地提高资金使用效率，并有效预防资金链断链和财务危机的发生成为管理当局关注的重要问题。

在信息快速膨胀的大数据时代，市场环境日趋复杂多变，传统企业追求独善其身的单核发展模式已发生根本改变。越来越多的企业意识到只有与供应链上下游的利益相关者建立长期的合作机制，实现频繁的信息交流和战略互动，才能掌握原料价格、生产工艺以及产品需求变化等信息，使自身在激烈的竞争中处于优势地位（Peng and Zhou，2019）。企业与上下游商业伙伴交易的集中程度是刻画供应链关系的重要指标，包括供应商集中度和客户集中度两个方面。客户作为企业在产品市场上重要的利益相关者，常常对企业的经营战略和财务决策产生重要影响。大客户作为企业的一种隐性资源，在稳定销售、降低成本、提升企业声誉和价值方面均扮演着重要角色，但由此造成的较高的客户集中度也会为企业发展带来新的隐忧，对财务决策的影响就是其中的重要体现。营运活动中，供应商与客户是企业重要的外部利益相关者，企业与供应商及客户的合作关系会对营运活动绩效产生重要影响（唐跃军，2009；黄晓波、张琪等，2015；田志龙、刘昌华，2015；林钟高、林夜，2016），而供应链集中度（supply chain concentration，SCC）作为反映供应链合作关系的主要量化指标，其对核心企业的财务活动产生的重要影响已被众多文献所证实（张敏、马黎珺等，2012；王雄元、王鹏等，2014；陈峻、张志宏，2016；李艳平、陈正林等，2016；褚剑、方军雄等，2016）。在企业日常营运活动中，供应链合作关系与核心企业采购活动和销售活动紧密相关，随着供应链集中度的增加，供销双方在合作过程中的议价能力及合作关系会发生变化，进而对核心的企业营运资金需求产生直接影响（Kwak and Kim，2020），导致企业实际营运资金占用与企业目标营运资金需求背离。而作为理性经济人的市场主体，在营运资金占有量问题上也必然会进行收益与风险的权衡，适时对营运资金需求量进行调整，以实现企业价值最大化。因此，供应链集中度不仅会对企业的营运资金偏离程度产生影响，也影响着企业对营运资金需求的调整速度。在经济增速下行的背景下，科学管理营运资金，提高资金使用效率，有效防范风险，对企业持续健康发展具有重要的现实意义。

1.1.2　研究意义

根据以上研究目的，本书具有以下两方面意义。

1. 理论意义

本书在研究供应链集中度与营运资金关系时，不是仅停留在静态层面研究二者之间的关系，而是更注重深入研究供应链集中度与营运资金动态调整的关系，揭示其内在的影响机理，一方面丰富了有关供应链集中度影响公司财务问题的研究，另一方面从动态角度加深了对营运资金管理问题的认识。

2. 现实意义

本书揭示了供应链集中度对企业营运资金动态调整影响的内在机理，并分别从企业产权性质、高管激励等公司治理角度与企业市场地位及环境不确定性等外部环境因素角度深入探讨供应链集中度对营运资金动态调整的影响，这对我国上市公司根据内外部环境条件妥善处理供应链合作关系、加强营运资金管理、提高企业资金使用效率及防范财务风险具有一定启示。

1.2 研究目的与内容

1.2.1 研究的目的

本书的研究目的主要有以下两个方面。

第一，探讨供应链集中度对企业营运资金动态调整（偏离程度及调整速度）的影响机理。企业供应链度集中度直观反映了企业与其供应商及客户的依存关系，这种关系可能成为双方合作过程中议价能力的基础，从而对双方资金使用效率及风险产生影响。本书将从供应链角度系统探讨供应商及客户集中度如何对企业营运资金需求的偏离程度产生影响，进而深入探讨核心企业如何根据供应链集中度引发营运资金变化，进行收益与风险的权衡，对营运资金需求进行调整，以实现企业价值最大化。

第二，基于企业内外部环境因素角度深入探讨供应链集中度对企业营运资金动态调整的影响机理及效果。本书将从产权性质、管理层薪酬激励等内部治理因素和企业的行业竞争地位及环境不确定性等外部环境因素研究供应链集中度对企业营运资金动态调整的影响。

1.2.2 研究的内容

根据研究目的，本书各部分内容如下。

第1章：绪论。本章主要提出研究命题，明确研究目的与意义，进一步阐述研究内容、研究的技术路线和研究方法，提出本书的主要创新点。

第2章：理论基础和文献回顾。本章以市场竞争理论、博弈理论及供应链下的竞合理论为理论基础，系统地从以下四个方面进行文献评述：营运资金需求影响因素的文献综述；目标营运资金需求的文献综述；企业营运资金需求动态调整的文献综述；供应链集中度对公司财务活动影响的文献综述。

第 3 章：供应链集中度对营运资金动态调整的影响分析。本章分别从供应商集中度、客户集中度及供应链整体集中度角度分析与检验供应链集中度对企业目标营运资金需求、营运资金需求的偏离程度、调整速度及调整方向的影响。

第 4 章：不同公司内部治理状况下供应链集中度对企业营运资金需求动态调整的影响。该部分将从企业产权性质及高管薪酬激励角度探究供应链集中度对企业营运资金需求动态调整的影响。

第 5 章：不同市场竞争地位下供应链集中度对企业营运资金需求动态调整的影响。该部分将从企业市场竞争地位角度探究供应链集中度对企业营运资金需求动态调整的影响。

第 6 章：环境不确定性下供应链集中度对企业营运资金需求动态调整的影响。该部分将从环境不确定性角度探究供应链集中度对企业营运资金需求动态调整的影响。

第 7 章：供应链集中度视角下营运资金动态优化模型的构建与策略。该部分将根据本书研究理论及结果构建供应链集中度视角下营运资金动态优化模型并提出相应的优化措施。

第 8 章：总结。本章将全书的主要研究结论进行归纳，分析了研究存在的局限性，提出了未来进一步研究的方向。

1.3 研究路线及方法

1.3.1 研究路线

根据以上内容，本书将按照以下路线进行研究（见图 1 - 1）。

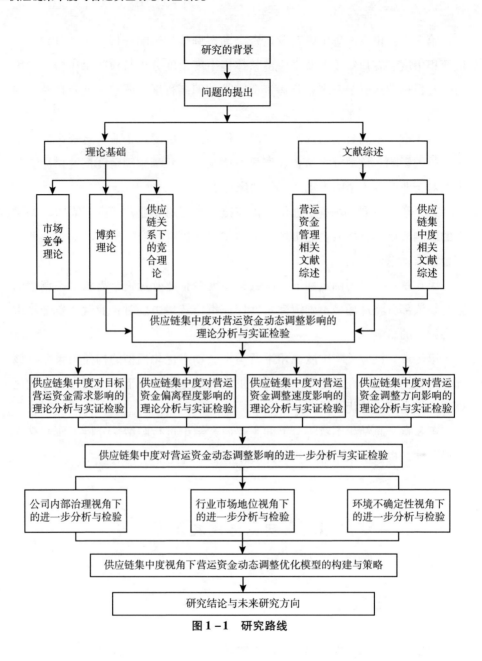

图 1－1　研究路线

1.3.2　研究方法

根据本书研究内容，主要采用规范分析与实证分析相结合的研究方法。规范分析方法主要用于结合现有文献进行文献归纳和综述，分析影响营运资金需求的主要因素及供应链集中度影响营运资金需求的内在机理和路径；实证分析方法主要运用回归分析法检验供应链集中度对营运资金需求的影响效果及动态调整过程，并进一步从公司内部治理与外部环境角度检验供应链集中度对公司营运资金需求动态调整的作用效果。

1.4　研究的创新之处

本书的创新之处主要体现在以下三个方面。

第一，分析了我国上市公司目标营运资金的存在机理，并提供相应的证据支持。企业资金结构及分配与企业绩效关系密切。企业资本结构对企业价值的影响已为国内外众多文献所证实，随之也有大量学者从不同角度研究了资本结构动态调整问题，而营运资金管理活动中供、产、销环节的资金占用及分配会对企业资金使用效率与经营风险产生重要影响，尽管国内外已有文献对供应链资金效率及风险进行了较多研究，但从动态角度研究营运资金调整问题的文献并不多见，本书以我国上市公司为样本，分析了我国上市公司目标营运资金存在的内在机理，并实证了其存在的客观性，从而增进了对资金配置效率与企业绩效或企业价值的关系的理解。

第二，本书基于供应链集中度的视角对我国上市公司营运资金偏离程度及调整速度进行了系统研究，丰富了有关营运资金动态调整影响因素的理论研究，为上市公司从供应链角度进行有效的营运资金管理决策提供了理论支持和经验证据。

第三，本书在研究供应链集中度对上市公司营运资金动态调整问题时，充分考虑了产权性质、高管激励、企业市场地位及环境不确定性等公司内外部环境因素的调节效应，进一步深化了对供应链集中度影响上市公司营运资金偏离程度及调整速度作用机理的认识。同时，也有助于我国上市公司加强营运资金管理，提高经济效益，实现企业价值的最大化。

第 2 章　理论基础和文献回顾

2.1　理论基础

建立本书的整体理论框架有助于全面而深入地开展研究。因此，本书构建了供应链集中度的理论分析框架，主要包括两个层次：第一层次，以市场竞争理论和博弈论为指导；第二层次，以竞合理论与供应链管理理论为指导。现结合具体理论，分析供应链管理在此过程中的发展以及给企业带来的各种影响。

2.1.1　市场竞争理论

马克思认为竞争是指各不同市场主体间以获取最大经济利益为目的的经济比较。竞争产生和存在的条件以商品生产为前提。不同于西方经济学对竞争的定义，马克思将竞争分为两种：一类是广泛意义上的竞争，主要指一个社会中不同个体之间的比较和竞赛，该类竞争主要出于好胜心，一般不具备经济意义；另一类则发生在商品社会中，是各商品生产者为争夺经济利益或各劳动者为取得更大经济收益而进行的竞争。马克思主义政治经济学研究的主要是第二种竞争。重点考察生产者之间以及与此相关的生产者与消费者之间的竞争，包括以追逐超额剩余价值为前提的成本竞争、以商品质量不断改善为主的质量竞争以及各部门之间为瓜分剩余价值和提高资本流动性的竞争。这三种形式的竞争分别围绕着价值决定、价值实现和剩余价值的分配展开，共同构成马克思竞争理论的基本内容。

供应链管理可以看作一个集成组织（或扩展企业），包括供应链从上到下的一系列组织，从原材料供应商、制造商、分销商、零售商、物流服务提供商到最终的用户。这些企业通过合作共同促进整个链条上物流、信息流和资金流的合理流动及优化，提高整体的核心竞争力。可见，供应链管理不仅可以达到纵向一体化的目的，即供应链节点企业为提高自身核心竞争力，实现与纵向一体化相类似的专用性资产损失减少，此外还可以使交易不确定降低，使经常性交易趋于稳定，最终达到交易费用降低的目的（宋华和杨晓叶，2021）。同时又使企业具有纵向一体化不可比拟的优势：一是供应链管理模式柔性高、风险低；二是供应链管理可快速响应市场的多种需求；三是合作伙伴可通过资源优势互补巩固和增强企业的核心竞争力。可见，供应链及供应链管理在各环节都能降低交易费用，同时又具有纵向一体化无法比拟的优点。因此，供应链的产生是新的经济环境下的必然产物，也是当今社会竞争发展的需要。

纵观供应链产生的历程可以看出，传统企业竞争的模式已经不适应全球化竞争的需求，由于新的竞争环境对企业提出了成本、质量、速度以及快速响应顾客需求等众多要求，在买方市场环境下，单个企业靠自身取得竞争优势的可能性已经很低。于是，企业之间的竞争转变为供应链之间的竞争，但是必须承认供应链企业间也存在一定程度的竞争关系，这可以看作是马克思主义政治经济学对竞争理论的延伸与扩展。

2.1.2　博弈理论

博弈论又称为对策论（game theory），既是现代数学的一个新分支，也是运筹学的一个重要学科。博弈论主要研究公式化的激励结构间的相互作用，是研究具有斗争或竞争性质的数学理论和方法。博弈论的主要类型包括合作博弈和非合作博弈。合作博弈与非合作博弈的区别在于参与者是否可以在对策中共谋或彼此协调。如果可以，就是合作博弈；反之，则是非合作博弈。"囚徒困境"是非合作博弈的典型案例，假设 A、B 企业只从自身利益角度出发，没有实现最好的结果，双方就会陷入"囚徒困境"中。类似的"囚徒困境"也经常出现在上下游企业交易之间，比如中间制造企业以自身利益最大化行事，尽可能压低材料的采购价格，使利润空间缩小的供应商又提供性能较差、价格低廉的原材料，导致最终的产品市场需求下降；又如，经销商不愿与中间制造企业分担广告费，但却可享受制造商投入广告所带来的收益，如果广告费开支过大，中间制造企业只能被迫消减广告费，进而导致经销商的销售量减少；还有，经销商可能拖欠中间制造企业的货款，造成其资金短缺，进而影响生产的正常进度，导致不能及时向经销商供货等。可见，"囚徒困境"形成纳什均衡的原因有两个方面：一方面是参与者博弈的次数有限；另一方面是参与者缺乏有效沟通。在博弈一次的囚徒困境下，双方必定选择背叛策略，这是因为双方均缺乏后续报复或威慑的手段，同时双方均不具备让对方信服的力量或声誉（陈金晓、陈剑，2022）。但该囚徒困境存在调整策略提高总支付水平的可能性，在供应链管理中，节点企业并不是一次博弈，而是具有重复博弈的性质。由于重复博弈的时间跨度较长，它们之间可采用"tit for tat"策略（"一报还一报"，或称"针锋相对策略"），这时，参与者的不合作行为将被合作行为取代。张金泉和温素彬等（2022）认为，只要供应链节点企业之间博弈次数足够多，针锋相对策略就可以解决"囚徒困境"问题。由于供应链管理将竞争的着眼点从供应链内企业间转移到不同的供应链之间，虽然在供应链内还存在一定程度的竞争，但合作已取代竞争成为节点企业之间关系的主流，竞争机制让位于竞合机制。接下来本书将继续分析由博弈论衍生的竞合论给供应链管理带来的影响。

2.1.3 供应链下的竞合理论

基于以上从博弈论视角分析的供应链可以看出，供应链的思想具有合作博弈的性质。供应链管理的过程不仅具有竞争，更重要的是合作，即竞合（Co-opetition）思想。竞合概念在竞争概念的基础上发展而来，在熊彼特（Schumpeter）看来，竞争无疑是创新的重要源泉。而一些学者则基于博弈论提出了"竞合"思想，并提出"合作创造价值，竞争分配利益"的竞合观点（周华、谭跃，2018），也即当供应链企业间进行市场分配时，商业运作表现为竞争，而当供应链企业间共同创建一个市场时，商业运作的表现是合作，合作是竞争的另一种形式。竞合关系中的冲突与传统关系中冲突的不同点在于冲突内化于合作关系。竞合的本质赋予企业间竞争与合作并存的关系，这种关系既可以创造价值，同时也需要分享价值。但必须注意，供应链企业间的竞合关系是不稳定的，它是竞争与合作的并存，并内化于竞合关系体中的。如果仅强调竞争，则忽略了合作可以给企业带来"1 + 1 > 2"的价值创造；反之，如果仅强调合作，则忽略了企业共同创造的价值是如何转变成单个企业的实际利益。

任新建（2006）认为在竞争中合作方要同时获取利益存在较大的困难，因为在逻辑上合作双方存在利益上的矛盾，一方得到的多，另一方则得到的少；但在竞合互动角度，竞争与合作存在着相互转化的可能，一方如果不能消灭另一方，竞争加剧则可能导致两败俱伤，避免这种结果出现的最好办法是通过合作实现利益上的双赢。胡本勇和张家维（2020）认为供应链竞合是供应链上的主体以整体利益为目标，建立互动机制，保证各方在竞合中都能获取相应的利益，从而避免恶性竞争带来两败俱伤的后果。王慧和王谦（2021）将企业的竞合分为三方面：一是企业与直接竞争对手之间的合作；二是企业与上游的联盟竞合行为；三是企业与下游的联盟竞合行为，并以企业的创新能力作为绩效度量的主要指标，对企业与直接竞争对手、上下游联盟企业的合作竞争关系与企业绩效进行了研究。李鑫和于辉（2019）研究得出，供应链企业间通过充分合作能够提高整个供应链的利益，但合作的程度取决于供应链节点企业的目标是竞争还是合作；如果它们的目标具有高度相关性，就会推动合作，反之就会实施竞争。此外，对竞合的研究还包括供应链上企业间的供应购买关系，比如研究上下游企业之间在长期互动中竞合关系的平衡问题、研究企业通过何种方式加强合作的程度进而实现整个供应链的最大收益，以及总体收益如何进行合理分配等。

1. 企业与上游供应商之间的竞合关系

供应商位于供应链的上游，是企业原材料或劳务等的提供者。从合作角度看，竞合关系表现在两个方面，一是通过原料或劳务的传输形成供买关系，二是它们之间存在双向交流与共享的信息。此外，它们之间还在其他诸如生产、研发及人力资源等方面有一定的合作关系。有学者认为，许多企业获得成功的关键要素之一是与供应商的紧密关系。但从竞争角度分析，一个相对强势的供应商会增加与企业在价格方面的博弈，促使供应链上的利润更多向其转移。如果企业所在行业利润率足够高，上游供应商在利益的驱使下也会尝试向下游进一步拓展，进而形成与企业的潜在竞争关系。对企业来说，供应商可能并不是其专属供应商，供应商也可以与同行业中的其他企业建立供买关系，以此增强它们的价格博弈能力和抗风险能力。

2. 企业与下游客户之间的竞合关系

客户是指企业的经销商或最终顾客，处于供应链的下游，是企业产品或服务输出的最终目标。从合作视角分析，首先，企业与客户通过产品或服务形成供买关系；其次，企业与客户之间也存在一定的信息交流，大多数企业经营优势的来源主要是及时把握客户的需求变化。但从竞争角度分析，强势客户也会通过不断提高价格博弈能力促使供应链利润更多地向其转移，并且客户也会因为战略需要而向上游拓展业务，对企业形成潜在威胁（Kwak and Kim，2020；张信东、邹美凤等，2020）。随着技术革新和市场变化，由于客户掌握更充分的市场信息，会对上游企业形成"锁定"，导致制造企业现有生产能力过剩。

综上，现代市场经济条件的供应链关系主要表现为竞合关系，这种竞合关系包括企业与上游供应商的竞合关系和企业与下游客户的竞合关系。这种竞合关系紧密联系、相辅相成，成为供应链主体关系存在与发展的主要形态，并使各主体通过长期合作获得单个企业无法实现的收益。

2.2　文　献　回　顾

2.2.1　营运资金管理问题的文献综述

营运资金管理活动是企业经营活动重要组成部分，企业往往根据内外部环境条件的变化确定恰当的营运资金需求水平，以达到经营活动中收益与风险的平衡，从而实现企业价值的最大化。从经营周期角度讲，企业营运资金需求水平不应是一成不变的，而是适应内外部环境条件的变化，适时地进行动态调整。因此，对营运资金管理活动的研究不能停留在静态层面，探求目标营运资金需求的存在性及影响营运资金需求的因素，并从动态上把握营运资金需求的调整过程及机理是一个具有现实意义的话题。

1. 营运资金需求内外影响因素的研究现状

从理论上来说，宏观层面、中观层面及微观层面的因素都会对企业营运资金管理产生影响。影响营运资金的宏观层面的因素诸如国家财政政策、货币政策、产业政策、外贸外汇体制及经济周期等；中观层面的因素诸如行业特征及政府对行业政策的倾斜与管制等；微观层面的因素诸如企业战略、企业组织架构、公司内部治理、管理层经营风格及企业供应链关系等。通常把微观层面的因素视为内部环境因素，而把宏观层面及中观层面的因素归为外部环境因素。影响企业营运资金管理的内部因素的研究早期主要集中于供应链环节的财务活动方面，如现金、存货、应收账款等；影响营运资金管理绩效的因素主要是企业现金管理成本、现金存入银行的利息收入、存货订货提前期、订货批量、订货准备费用、赊销信用政策、收账费用等内部管理因素。

随着营运资金管理理论和实务的不断发展，有关营运资金管理影响因素的研究也在逐渐拓展。齐欧（Chiou，2006）、阿普哈米（Appuhami，2008）等学者系统地研究了影响营运资金管理的因素。齐欧等（2006）以 1996 ~ 2004 年的台湾公司为样本，研究了企业债务比率、经营现金流量等因素对企业营运资金需求（WCR）的影响，发现企业债务比率越高，营运资金需求越高；而经营现金流越多，营运资金需求越低。穆萨维等（Moussawi et al.，2006）发现企业规模、公司成长性、独立董事规模、高管薪酬与持股比例均与企业营运资金管理活动有着显著的相关关系。纳齐尔和阿夫扎（Nazir and Afza，2008）发现企业营运资金需求受债务比率、总资产收益率与财务杠杆、总资产收益率（ROA）及托宾 Q 值的影响。希尔和凯利等（Hill and Kelly et al.，2010）考察了企业经营状况与融资能力对营运资金需求的影响，发现企业规模及现金流对营运资金需求有显著影响；企业销售增长率、销售波动性、市场账面价值比及财务困境程度对营运资金需求有着显著的负向影响；内部融资能力较弱、外部融资渠道较少及外部融资成本较高的公司会更倾向于采用激进的营运资金管理策略。戈德弗雷德和阿贾蓬（Godfred and Adjapong，2015）以英国中小企业为样本，对企业现金流水平与营运资金需求的关系进行了研究，发现公司现金流水平与营运资金需求呈明显的正相关关系。雷西特·凯利克等（Resit Celik et al.，2016）研究土耳其工业部门的营运资金需求问题，发现企业的原材料供应周期、产品生产周期及偿债偿还期是影响企业营运资金需求的重要因素。

我国学者刘怀义（2010）对我国零售业营运资金需求的影响因素进行了研究，发现销售增长情况、销售稳定性、现金流情况、市净率、企业规模、负债情况以及公司的议价能力对企业营运资本管理政策具有显著影响，但产品获利能力对营运资本管理政策没有显著影响，而稳健的营运资本管理政策能够促进企业绩效的提高。陈金龙和周兴（2014）研究发现，企业市场地位对商业信用的获取与提供有显著影响，市场地位高的企业由于有较高的议价能力，更容易从上游供应商处获得商业信用，同时较少向下游客户提供商业信用，因此营运资金需求相对较低。

雷曼和卡比拉吉（Rehman and Kabiraj，2017）发现，规模更大、杠杆程度高、有形资产比重高的公司对营运资本的投资更少；销售立即增长和信息不对称的公司在营运资本上投入更多；董事会规模和董事会独立性被发现在限制营运资本投资方面具有监控作用。伊克巴尔（Iqbal et al.，2022）研究了管理人格特征（通过过度自信行为的中介作用）对中国中小企业营运资本管理的影响，发现外向性、经验开放性和亲和性特征决定了管理者的过度自信行为，而尽责性和神经质特征与过度自信行为的关系并不显著。在新冠疫情期间，过度自信行为（如外向性和亲和性特征）对企业营运资本管理产生了显著影响。巴罗斯、法尔考和萨门托（Barros，Falcao and Sarmento，2022）研究了可持续经营战略（environment，social and governance，ESG）对营运资本管理（working capital management，WCM）的影响，发现 ESG 得分较高的公司的营运资本要求较低、现金周转期较短，尽管这种影响完全来自环境和社会责任层面。治理层面的不确定结果强化了可持续性对营运资金管理的作用。多利亚、米什拉和帕尔（Dholea，Mishra and Pal，2019）研究了营运资金管理对公司价值的影响，发现有效的营运资金管理可以缓解企业的融资约束，进而使企业价值得到提升。提高营运资金管理有助于缓解融资约束对股价的负面影响。伯尼和詹姆斯等（Burney and James et al.，2021）研究了首席执行官（CEO）年龄特征对企业营运资金管理的影响。研究发现，随着 CEO 年龄增长，公司营运资金需求量会显著增加；年轻高管实施激进的营运资金策略，倾向于较少的存货和较多的应付账款。营运资金管理效率内部影响因素的代表性研究变量说明如表 2-1 所示。

表 2-1　营运资金管理效率内部影响因素的代表性研究变量说明

研究人员	因变量	自变量
穆索（2006）	现金周转期（NTC）	企业大小、固定资产占比、销售收入的增长性、外部董事占比、经理人员报酬、CEO 持股比例等
齐欧等（2006）	营运资金需求（WCR）	债务比率、经营现金流、成长机会、企业年龄、企业绩效、企业大小
纳齐尔和阿夫扎（2006）	营运资金需求（WCR）	营运资金周期、经营现金流量、经济活动水平、销售收入增长性、资产回报率、托宾 Q 值、财务杠杆、企业大小
阿普哈米（2008）	营运资金需求（WCR）	资本性支出、经营性支出、财务支出、经营现金流量、销售收入增长率、企业绩效、财务杠杆
希尔和凯利（2010）	营运资金需求（WCR）	企业规模、现金流、销售增长率、销售波动性、财务困境程度及融资成本
巴诺斯·卡巴列罗等（Banos Cabalero et al.，2013）	现金周转期（NTC）	现金流水平、外部融资成本、公司规模、成长性（托宾 Q 值）、固定资产投资规模、财务困境程度（Z 指数）、息税前利润
刘怀义（2010）	净营运资金（NWC）	产品毛利率、销售增长率、销售稳定性、自由现金流、市净率、企业规模、资产负债率、公司的议价能力及净资产收益率
雷西特·凯利克（2016）	营运资金需求（WCR）	原材料供应周期、产品生产周期及偿债期
雷曼和卡比拉吉（2017）	营运资金需求（WCR）	企业规模、杠杆水平、有形资产比重、销售增长率、信息不对称程度、董事会规模、董事会独立性及产权性质
阿夫瑞法和廷巴尼（Afrifa and Tingbani，2022）	营运资金效率（WCE）	企业规模、现金持有量、市场竞争、对外出口、销售增长潜力、银行信贷融资便利性

注：NTC = 应收账款周转期 + 存货周转期 - 应付账款周转期；WCR = [（应收账款 + 应收票据 + 其他应收款 + 预付账款 + 存货） - （应付票据 + 应付账款 + 预收账款 + 应付职工薪酬 + 应交税费 + 其他应付款）] ÷ 总资产；NWC = （流动资产 - 流动负债） ÷ 营业总收入。

资料来源：作者根据相关文献归纳整理得出。

外部影响因素方面，扎里亚瓦蒂等（Zariyawati et al.，2010）、卡瓦列罗等（Caballero et al.，2009）和兰伯森（Lamberson，1995）认为外部宏观经济因素与企业内部因素同样对营运资金管理的有效性有显著影响。齐欧等（2006）发现当经济处于上行发展阶段时，企业对营运资金的需求较大。扎里亚瓦蒂等（Zariyawati et al.，2010）也得出了与齐欧等（2006）一致的结论。巴诺斯-卡巴列罗等（2010）的研究结果显示经济增长前景越好，营运资金需求越高。希尔和凯利等（2010）则发现金融危机阶段企业营运资金需求减少的现象。卡巴莱罗等（Caballero et al.，2009）从贷款利率与国内生产总值（GDP）角度研究了营运资金管理问题，认为现金周转期是衡量营运资金管理效率的一种有效方法，但没有发现贷款及 GDP 增长率对现金周转期有显著影响。然而，马诺里（Manoori，2012）发现 GDP 与现金周转期（CCC）呈显著的负相关关系。雷西特·凯利克等（Resit Celik et al.，2016）对土耳其工业部门的营运资金需求问题进行了研究，发现通货膨胀和汇率对大中型企业的净营运资金需求有显著影响，而利率因素对营运资金需求不存在显著影响。布克、穆萨维-海达尔和贾伯（Dbouk，Moussawi-Haidar and Jaber，2020）以 1990～2018 年 6503 家美国制造公司为样本，研究了宏观经济风险对营运资本和各类型库存的影响，发现经济政策不确定性（EPU）驱动了高水平的库存，增加的经济不确定性会产生更高的贸易信贷、应付款和营运资本。奥古斯丁·塔科姆（Augustine Tarkom，2022）研究了新冠疫情对企业营运资金效率的影响。结果表明，受新冠疫情影响的公司现金周转期更长，而拥有更多投资机会的公司和获得政府激励措施的公司能够有效缓解新冠疫情对企业营运资金效率的负面影响。

卡萨林等（Casalin et al.，2017）发现，企业的供应商集中度越高，其存货水平下降；而企业的客户集中度越高，其存货水平则增加。帕克和尤（Park and Yoo，2022）研究了政府对企业社会责任的干预对企业营运资金管理效率的影响，发现政府对卖方供应商进行的直接干预可以使绿色环保企业延长对上游企业的付款期限，而通过买方进行的间接干预则缩短了付款期限（政府购买可以对绿色环保企业及时付款，缩短对绿色环保企业的资金占用）。雷瑞斯、费尔南德斯·洛佩兹和罗代罗帕佐（Rey-Ares，Fernandez Lopez and Rodeiro Pazo，2021）研究发现，新冠疫情期间西班牙海产品企业盈利能力与收款期和存货周转期有关，企业存在一个最佳的应收账款水平以平衡增加销售的收益和客户融资的机会成本。

巴诺斯·卡巴列罗等（2019）以 1995～2013 年 30 个国家的企业为样本，研究了净营运资金与企业价值之间的关系。研究发现，净营运资金的价值存在着国别差异，在投资者保护执行有力、金融和经济发展更好的国家，净营运资金对企业价值影响更大。安东和阿夫洛雷尼·努库（Anton and Afloarei Nucu，2022）研究了制度因素对欧洲国家的企业营运资金管理的影响。结果发现，制度框架较强国家的企业平均保持着较低的营运资本水平。阿夫瑞法和廷巴尼（2022）采用随机边界分析法（SFA）对 2009～2018 年 6170 家欧洲企业的营运资本效率进行了研究，发现与小企业相比，大企业的营运资金管理效率更高；较高的现金持有量有助于提高企业营运资金管理效率；企业面临的市场竞争越激烈，其营运资金管理效率越低；出口和销售增长潜力降低了营运资金管理效率；营运资金管理效率会随着企业获得银行信贷机会的增加而增加。钱伯斯和西弗特（Chambers and Cifter，2022）研究了酒店及旅游业企业营运资金对公司业绩的影响，发现企业营运资金与企业绩效之间存在倒"U"型关系。

贝茨、卡勒和斯图尔兹（Bates，Kahle and Stulz，2009）对美国工业企业的现金流水平进行了研究，发现 1980～2006 年美国工业企业的现金与资产比率增长了一倍多，公司可以用现金偿还所有债务。公司现金比率增加的原因在于公司的现金流应对的风险增加，企业预防动机增强。而且企业持有的库存和应收账款更少，研发力度也越来越密集。巴诺斯·卡巴列罗、加西亚·特鲁埃尔和马丁内斯·索拉诺（Banos Caballero，Garcia Teruel and Martinez Solano，2010）研究了中小企业现金周转期的决定因素。结果发现，企业存在一个目标现金周转期，年龄较大的公司和现金流较多的公司的现金周转期较长。相比之下，拥有更多增长机会且杠杆率更高、固定资产投资和资产回报率更高的公司拥有更激进的营运资本政策。

希尔和凯利等（2013）研究供应商融资对企业市场价值的影响。结果表明，商业信贷的市场价值随所销售商品的流动性和产品市场的竞争而变化，且企业价值与供应商融资的关系随着融资约束程度的增加而加强。阿克塔斯、克罗奇和佩特梅扎斯（Aktas，Croci，and Petmezas，2015）研究了 1982～

2011 年美国公司营运资金管理对企业价值的影响，发现营运资金存在最优水平，企业通过增加或降低营运资金占用可以提升企业市场价值和公司绩效。阿尔梅达和小开斋杰（Almeida and Eid Jr，2014）研究财务杠杆对营运资本与公司价值关系的影响，以及融资约束如何影响这种关系。研究发现，平均而言，额外的营运资本投资的价值明显低于额外的现金投资价值；企业年度预算开始时提高营运资本水平会降低公司价值。巴诺斯－卡巴列罗等（2014）研究了英国非金融类公司的营运资本管理和企业绩效之间的关系，发现营运资本投资与企业业绩之间存在倒"U"型关系，而且对于更有可能受到融资约束的公司，这种最优值更低。鹤田大辅（Daisuke Tsuruta，2019）研究了金融危机期间日本企业营运资本的调整速度以及营运资本与企业绩效之间的关系，发现在危机期间营运资本的调整较弱。超额营运资本与公司绩效之间的负相关关系在危机期间变得更加显著，尤其是对规模较大的公司。博伊佐利、科尼和麦克唐纳（Boisjoly，Conine and McDonald，2020）研究了激进的营运资本活动对应收账款周转期、存货周转期、应付账款周转期和现金周转期的影响。研究管理发现，金融管理越严格、商业信用风险承担意愿越低，营运资金管理效率越高。

近年来，我国不少学者也从外部环境角度对企业营运资金管理问题进行了研究。陆正飞和杨德明（2011）对商业信用与货币政策关系进行了研究，发现在货币政策宽松时期，商业信用规模的存在是买方市场所致；在货币政策紧缩时期，替代性融资理论则可以解释我国资本市场商业信用的大量存在。饶品贵和姜国华（2013）发现在货币紧缩时期，企业会通过商业信用方式进行融资来缓解资金紧张问题，以商业信用作为替代银行信贷的融资方式以弥补资金供给缺口表现更为强烈。王冬梅和朱先朋（2013）发现经济形势与货币政策等宏观环境对企业营运资本周转期、营运资本政策、营业利润率以及企业融资环境有显著影响，进而对中小企业的营运资本管理效率、政策及绩效产生显著影响。张西征和刘志远（2014）发现，在宏观经济宽松时期，资金流倾向于通过商业信用方式从非上市公司流向上市公司；在宏观经济收缩时期，资金流倾向于通过商业信用渠道从上市公司流向非上市公司。

吕峻（2015）发现，由于营运资本投资主要受不对称调整成本的影响，宽松的货币政策在经济上行时会促使企业增加营运资本投资，在经济下行时会促使企业应收账款周转加快，改善企业流动性状况。饶品贵和岳衡（2016）研究了通货膨胀预期对企业存货调整行为的影响，发现企业存货水平的调整会考虑预期通货膨胀率的影响，当预期通货膨胀率高时存货持有水平会增加。胡国晖和袁静茹（2016）发现在外部经济形势较差时，企业间的商业信用增加，且中小企业利用商业信用替代银行借款的倾向更加明显。刘慧凤和黄幸宇（2017）研究内部控制对企业商业信用水平的影响，发现企业内部控制越有效，商业信用资金规模越大。同时，在低市场地位的企业中，内部控制对商业信用负债质量与信用资产规模的作用更明显，内部控制的实施有利于提高企业间商业信用资金的周转效率。王明虎和朱佩佩（2019）研究了经营风险、货币政策与企业营运资金融资策略的关系，发现受我国融资环境的影响，我国企业在多数情况下会采用比较激进的营运资金融资策略；经营风险增大使得企业偏向于稳健的营运资金融资策略；货币政策的宽松诱发企业采用比较激进的融资策略；在货币政策宽松的条件下，经营风险对营运资金融资策略的稳健作用会减弱。

焦然和温素彬等（2020）研究了企业社会责任对营运资金管理效率的影响，发现企业履行社会责任有助于提升营运资金管理效率。但是，随着履行社会责任强度的提升，社会责任活动的激励效用下降，对营运资金管理效率的提升作用变得不显著。温素彬和焦然（2020）研究管理会计工具的应用对营运资金管理效率的影响，发现管理会计工具的应用显著地促进营运资金管理效率的提升；管理会计工具的综合应用效果、员工对管理会计工具的认知程度、管理会计工具的应用年限、推行管理会计工具的难易度、改造力度、战略依存度、重视度对营运资金管理效率具有显著正向影响。王明虎和孙梁艳（2021）研究了宏观经济形势、管理层激励与营运资金融资策略三者之间的关系，发现货币薪酬激励会使企业的营运资金融资策略更稳健，而股权激励会引发管理层制订激进的营运资金融资策略；在宏观经济发展较好时，货币薪酬引起稳健型融资策略的作用减弱，股权激励诱发激进型融资策略的作用增强。秦海林和段曙彩（2022）研究了去杠杆政策对企业存货周转的影响，发现去杠杆政策的实施加速了企业的存货周转率，并且这种效应在审计质量较低的企业和公司规模小的企业中表现得更为明显。

在供应链关系对企业营运资金管理产生的影响方面，卡瓦克和吉姆

（Kwak and Kim，2020）发现客户集中度与供应商的盈利能力呈"U"型关系，随着内部人所有权的增加，这种关系会减弱。内部人所有权可以削弱大客户的议价能力并加强供应商的经营效率。张信东和邹美凤等（2020）发现较高的供应商集中度会削弱企业议价能力，导致企业外部融资成本增加，使企业预防性动机增强，从而增加现金持有量。孙兰兰和翟士运（2019）研究客户关系对营运资金融资结构的影响，发现客户集中度越高，企业越倾向于选择稳健的营运资金融资结构，资金周转绩效在其中发挥了中介效应。当客户财务状况较差或影响力较大时，会引起企业资金周转绩效进一步降低，使营运资金决策更为稳健。

2. 目标营运资金需求存在性的文献研究

国内外已有关于目标营运资金需求的研究，齐欧等（2006）、拉希姆（Rahim，2010）及凯利等（2010）均证实了企业目标营运资金的存在，发现当企业营运资金需求偏离目标水平时，企业会采取措施进行调整，以提高资金利用效率和控制经营风险。另一些学者则发现企业的流动资产项目有目标值，他们使用局部调整模型分析了包括流动资产项目的财务比率对于激发管理层或市场进行持续调整非常重要（Lee and Wu，1988；Peles and SChneller，1989）。巴诺斯·卡巴列罗等（2010）发现企业营运资金需求存在一个合理水平，当营运资金需求偏离目标值时，管理层会采取措施积极调整，使其向该目标值靠近。巴诺斯·卡巴列罗等（2014）利用英国上市公司数据证实了营运资金需求与公司业绩间存在倒"U"型关系。戈德弗雷德等（Godfred et al.，2015）以2004~2013年英国中小企业为样本，对营运资金与公司业绩的关系进行研究，发现营运资金需求水平与公司业绩间存在显著的曲线关系特征，营运资金在较低的水平上与公司业绩正相关，在较高的水平上则呈负相关关系。进一步发现公司现金流水平对营运资金规模与公司业绩具有明显的调节效应，当公司现金流水平较低时，营运资金投资规模较低；当公司现金流水平较高时，营运资金投资规模较高。阿克塔斯和克罗奇（Aktas and Croci，2015）使用1982~2011年的大样本数据，对美国公司营运资金管理情况进行了研究，发现公司存在最佳营运资金水平，公司会根据投资机会需要，通过有效提高或降低营运资金水平来实现企业经营绩效及价值的提升。

连玉君、彭方平和苏治（2010）认为流动资产因其低收益特征，使得公司不能过多持有，会促使公司维持一个目标流动资产持有比例。本·纳斯尔（Ben Nasr，2016）也证实了营运资金需求与企业价值之间存在倒"U"型关系，且这种倒"U"型程度因企业产权性质和融资约束程度不同而表现出显著差异；王竹泉等（2016）以我国 2004～2014 年上市公司为样本，发现公司商业信用供给与经营业绩呈倒"U"型关系，证实了最优商业信用规模的存在。孙兰兰等（2016）也发现了我国上市公司存在信用供给的目标值，并通过动态调整向目标值靠拢。另外，吴娜（2013）、张淑英（2015）、吴娜和于博（2017）、周华和谭跃（2018）及江桢涛（2018）均证实了我国上市公司存在营运资金需求目标值。

3. 营运资金动态调整的文献研究

有关营运资金动态调整问题的研究无论国内还是国外目前都并不多见。已有文献中，佩莱斯和施内勒（Peles and Schneller，1989）等认为企业流动资产项目存在目标值，管理层会根据该目标值对企业经营活动进行调整以提高公司业绩。巴诺斯·卡巴列罗等（2010）通过实证检验得出企业的营运资金需求存在目标值，并认为企业会通过有效管理使营运资金需求逐渐接近目标值。巴诺斯·卡巴列罗和加西亚·泰鲁埃尔等（2013）对营运资金需求向目标值调整的速度进行了研究，发现资产负债表中流动性项目的调整速度相对较快，且企业营运资金需求的调整速度因外部融资约束及议价能力而有所差异，融资约束程度较低、议价能力强的公司因调整成本较小有着较快的调整速度。随后，两位学者又发现净营运资金向目标水平的调整速度存在着国别差异，投资者保护程度较高和金融发展水平较高的国家的净营运资金调整速度较快。阿罕格（Ahangar，2020）以印度制造业公司为样本，研究了融资约束对企业营运资金动态调整的影响，发现企业存在目标营运资金需求，且整体上企业营运资金调整速度较慢。科奥罕（Chauhan，2021）对企业营运资本分配的短期变化进行了研究，发现营运资本配置在短期内经常出现跨期抵消波动，且企业通过对营运资金进行调整以应对资本支出的冲击。马夫罗普洛、拉普和乌迪耶娃（Mavropulo，Rapp and Udoieva，2021）以 2002～2014 年德国的非金融类上市公司为样本，实证研究了基于价值绩效指标的管理控制系统（VBMCS）下的营运资本动态调整问题，发现基于价值的管理控制系统的绩效指标与营运资金占用的机会成本有着密切的关系，拥有 VBMCS

的公司通常在较低的营运资金水平上运营，企业在减少过多营运资金的积极性要显著高于营运资金不足而增加营运资金的积极性。VBMCS 对于在高营运资金环境下运营的公司具有更高的价值。

吴娜（2013）以 2000～2011 年我国 A 股制造业上市公司为样本，研究了经济周期、融资约束与营运资金动态调整的关系。研究证实了制造业上市公司营运资金目标值的存在，并发现货币政策与财政政策对目标营运资金需求有显著影响，同时发现企业营运资金需求调整速度与经济周期呈显著的负相关关系，在经济周期下行期比经济周期上行要快，且不同融资约束程度企业的营运资金调整速度在经济周期的不同阶段具有明显差异性，经济周期上行期融资约束程度低的企业营运资金调整速度较慢，调整幅度较小，融资约束程度高的企业则表现出较快的调整速度；而在经济周期下行阶段，融资约束程度低的企业明显加快了营运资金调整速度，但融资程度高的企业则调整更快。张淑英（2015）以经济增长率、企业景气指数、居民消费物价指数及失业率作为宏观经济环境变量，研究了宏观经济形势对我国非金融类上市公司目标营运资金需求及调整速度的影响。研究证实了我国非金融类上市公司营运资金目标值的存在，且宏观经济形势与企业目标营运资金需求呈负相关，对企业营运资金调整速度也有显著影响，企业营运资金需求在经济下行期的调整速度快于经济上行期。

陈克兢、李延喜等（2015）对我国上市公司营运资金调整速度的区域特征和调整趋势进行了研究，发现我国上市公司营运资金调整速度在区域上有明显差异，东部地区上市公司调整速度快，而中西部地区调整速度慢。上市公司中营运资金向上调整的比例为 47.56%，向下调整的比例为 39.99%，部分上市公司营运资金调整背离最优水平。孙兰兰和王竹泉（2016）发现商业信用政策调整速度与企业议价能力正相关，企业较强的议价能力有利于对商业信用政策进行调整，且企业融资水平会对以上影响产生制约作用；而低融资约束的企业比高融资约束的企业在紧缩性货币政策下有着更快的调整速度。马影（2016）研究了市场化进程对企业营运资本调整速度和偏离程度的影响，发现市场化程度越高，营运资金调整速度越快，偏离程度越小。张淑英（2016）研究了经济周期对营运资金动态调整的影响，并考察了不同经济周期供应链关系对营运资金调整速度的作用效果，发现经济周期上行期调整速度快于下行期。在经济周期上行阶段，营运资金向下调整的速度显著快于向上调整的速度，且此时供应链关系对营运资金调整速度的影响是负向的；而在经济周期下行阶段，营运资金向上调整的速度显著快于向下调整的速度，且此时供应链关系对营运资金调整速度的影响是正向的。

李坤榕（2017）从公司治理角度研究了企业营运资金动态调整问题，发现股权集中度降低了营运资金的调整速度，加大了营运资金的偏离程度，而股权制衡度则加快了营运资金的调整速度，降低了营运资金的偏离程度。非国有企业营运资金调整速度较快，偏离程度较小。独立董事比例越高，营运资金调整速度越快，偏离程度越小；董事长与总经理两职分离对营运资金调整速度具有显著的正向影响，但对偏离程度的影响不明显。吴娜和于博（2017）研究了市场进程与创新投资对我国制造业上市公司营运资金动态调整的影响，发现市场化进程越高，企业营运资金向最优水平调整的速度越快，而且创新投资也能有效促进营运资金向最优水平调整。然而市场化进程与创新投资对营运资金调整速度的协同影响为负，创新投资对营运资本调整速度的正向影响在低市场进程下表现更强。周华和谭跃（2018）则从供应链关系的角度研究了营运资金动态调整问题，发现客户集中度对营运资金偏离程度和调整速度均有显著的正向影响，该效应在非国有企业有显著表现。

王博梓（2018）研究融资约束、产业政策对营运资金动态调整的影响，发现企业融资约束程度越高，营运资金调整速度越快；长期来看，产业政策增加了企业融资约束程度，进一步加快了营运资金的调整速度，这种关系在非国有企业中更加突出，融资约束在产业政策与营运资金调整速度之间发挥了部分中介效应。江桢涛（2018）发现营运资本调整存在非对称性，营运资金不足企业向最优营运资金水平调整的速度要快于超额营运资金企业的调整速度，超额营运资金企业向最优营运资金水平收敛时可以显著提升企业价值，此时企业投资在营运资金调整与企业价值提升的关系中发挥着中介效应。同时多元化经营对营运资金调整速度具有积极影响。陈玉（2019）研究了市场议价能力对营运资金动态调整的影响，并考察了不同经济周期的差异性，发现市场议价能力与营运资金调整速度正相关，企业的议价能力越强，营运资金调整速度越快，这种效应在经济周期下行阶段更为明显。

吴娜和于博等（2019）研究了经济周期不同阶段的营运资金调整速度及

产权制度下的差异，发现经济周期下行期营运资金调整速度快于上行期，且经济下行期国有企业的营运资金调整速度快于非国有企业，而融资约束、议价能力、产能出清及平滑固定资产投资在作用机制中发挥了重要作用。蒋珊珊（2020）研究了经济政策不确定性对企业营运资金动态调整的影响，发现经济政策不确定性程度越高，企业营运资金调整速度越快，且融资约束在二者的关系中发挥了部分中介效应，经济政策不确定性在一定程度上加大了企业融资约束程度，从而加快了营运资金的调整速度。袁奋强和惠志鹏（2021）研究了企业风险承担对营运资金目标结构回调速度的影响，并考察了货币供给的调节效应，发现企业风险承担水平越高，营运资金向目标结构调整的速度越快，而宽松的货币供给环境能显著缓解这种影响。

综上所述，国内有关营运资金需求动态调整研究的文献较少，而且主要从外部环境角度考察营运资金需求的动态调整，基于企业内部环境因素考察营运资金动态调整的研究更为少见。营运资金管理活动与公司供应链有着密切关系，企业营运资金动态调整也会受供应链合作关系影响，其影响效果也不可避免地受到企业内外部环境条件的制约，因此，结合企业内外部环境条件全面而深入地考察供应链集中度对营运资金管理动态调整影响效果更具有理论意义和现实意义。

2.2.2 供应链集中度的概念说明及文献综述

1. 供应链集中度的概念说明

在现代市场经济条件下，市场竞争日益激烈，传统企业经营活动单核发展日益让位于供应链整体，企业越来越意识到供应链管理对企业经营发展的重要性，加强与上下游企业合作更有利于提高企业竞争力。供应链集中度是企业供应链环节中上游采购的集中程度和下游销售的集中程度。通常采用向主要供应商采购的产品数量或获取劳务数量占全部产品采购数量或全部劳务数量的比重表示采购集中度，也称为供应商集中度；而向主要客户提供的产品销售数量或劳务规模占全部销售数量或劳务规模的比重表示销售集中度，也称客户集中度。现有文献中，多数学者仅单方面从供应链下游角度研究客户集中度对企业财务活动的影响，或单方面从上游角度研究供应商集中度对企业财务活动的影响。然而，在研究供应链对企业财务活动的影响时，单方面强调上游或下游关系所得到的结论可能缺乏可靠性，尤其对营运资金管理活动的研究，需要从供应链上游和下游进行系统考虑。

目前有不少学者已经日益重视从上游供应商及下游客户整体上研究供应链的财务效应，如张敏（2012）、张子强等（2015）、贾洪彬（2015）、庄伯超和余世清等（2015）、张勇（2016）、张西征（2017）、方红星（2017）及李艳平（2017）等采用分项指标供应商集中度和客户集中度作为反映供应链集中度的指标，综合研究供应链集中度对企业财务活动的影响。本书认为，企业营运资金管理活动与企业上游与下游均有着密不可分的关系，研究营运资金动态调整问题需要更全面地考虑企业与上游及下游的合作，因此，本书借鉴以上学者的做法，把供应链集中度归纳为供应商集中度（supplier）和客户集中度（customer）两个方面，并统一用"SCC"表示。

2. 供应链集中度财务效应的文献综述

供应商及客户是企业重要的外部利益相关者，企业与供应商及客户的关系会直接或间接地影响企业的经营活动，而供应商/客户集中度较大程度上反映了供应链之间的合作关系，进而对企业财务决策及经营绩效产生影响。目前国内外已有较多文献从不同角度对供应商/客户集中度的财务行为及经济后果进行了研究，并得出许多有价值的结论。

在供应链集中度与企业投资行为方面，陈峻和张志宏（2016）基于大客户与企业间隐喻契约关系对企业专用性投资的传导性影响机理，研究了客户集中度对企业投资效率的影响，发现客户集中度加剧企业的过度投资，但未导致企业投资不足。皮科特和布雷特尔（Picot and Brettel，2016）发现供应商的创新水平与客户业绩存在正相关关系，且供应商规模越大，创新对其下游客户股票超额报酬率影响越大。克罗利科夫斯基和袁（Krolikowski and Yuan，2017）研究了供应链合作与技术创新的关系，发现客户集中度及议价能力对供应商流程创新及技术创新有着显著的影响，基于长期合作关系和转换客户成本的情况考虑，客户集中度能够激发供应商进行更多的创新投资，而客户议价能力不利于供应商进行研发创新投资。潘建平和余曼娇（2020）研究客户集中度对中国企业创新的影响，发现客户集中度与企业创新水平负相关，客户集中度较高的供应商生产较少的专利，且这种影响在业务多元化程度较低的公司和主要客户稳定性较低的公司中更为明显。华志英和杨海燕等（2022）研究了供应商和大客户共享审计师是否显著影响了供应商对大客户的专用型投资水平，发现共享审计师提高了供应商的关系性投资水平，且这种效应在客户处于低信任度地区时更加明显。陈凯（2022）发现企业增加对大客户的专用性投资会增强大客户的议价能力，大客户通常会通过发布管理预测以建立良好声誉，诱导企业增加专用投资。

在供应链集中度对企业融资成本及资本市场反应方面，坎佩洛亚（Campelloa，2017）研究了客户集中度对企业债务融资的影响。研究发现，企业的客户集中度越高，其债务融资成本越高，限制条款越多，贷款期限也越短，且企业的大客户财务困境及企业对大客户的专用型投资会显著增强这一效应。达利瓦尔和贾德（Dhaliwal and Judd，2016）在研究客户集中度对供应商股权资本成本的影响后发现，客户集中度增加了供应商的经营风险，导致供应商的股权资本成本上升，而拥有政府型大客户的供应商的股权资本成本则会降低。杨紫云（2017）也发现客户集中度与借款条款限制及借款利率正相关，与借款期限负相关，但与客户保持长期合作关系能缓解这一不利影响。萨布和库马尔（Saboo and Kumar，2016）认为客户集中度对企业的正向影响主要在于供应链的整合效应，较高的客户集中度有利于降低企业产品的广告宣传成本、渠道分销成本及日常管理费用等；客户集中度对企业的负向影响主要在于竞争效应，客户集中度较高时，鉴于较强的客户议价能力，核心企业不得不提供更多商业信用给客户，增加了企业资金占用及财务风险。资本市场的投资者对客户集中度的竞争效应的反应是消极的，在 IPO 过程中，其市场反应也是负面的。

张勇（2017）基于企业供应链管理的视角研究了较高的供应链集中度是否会诱发企业的经营风险，进而影响其债务融资成本。研究发现，供应链集中度越高，企业的债务融资成本越高，企业所处地区的金融发展水平越高，供应链集中度对债务融资成本的影响越大。毕金玲和李嘉（2018）研究了客户集中度对股权资本成本的影响，发现随着客户集中度的提高，企业的经营风险增加，导致企业股权资本成本增加。沈红波和刘智博等（2022）研究了客户集中度对企业债券评级的影响，发现较高的客户集中度增加了企业风险，导致较低的信用评级和更高的信用利差。雷曼（Rehman，2021）则研究了客户集中度与资本结构调整速度之间的关系，发现客户集中度与公司的杠杆调整速度负相关，客户集中度越高，资本结构调整速度越慢。这种负相关关系会随着企业对客户专用型投资规模增加和客户对供应商转换成本降低而增强。

帕特土科思（Patatoukas，2012）研究了客户集中度对企业股票基面及股票市场价值的影响，发现由于客户集中度有利于降低公司的经营成本并能提高企业资产使用效率，而投资者在股票定价时低估了客户集中度高的股票价值，因此投资客户集中度高的公司股票能够获得较高的市场回报。达利瓦尔等（Dhaliwal et al.，2016）则认为较高客户集中度将导致供应商不可分散的系统性风险增加，从而使供应商权益资本成本及债务资本成本增加，这种结果对大客户容易流失的供应商更为显著。米赫洛娃和纳兰乔布（Mihova and Naranjob，2017）发现客户集中度与公司股票收益波动性存在显著正相关关系，客户集中度对股票收益的影响效果会因供应商及客户的公司规模、客户违约率、客户本身的股票收益波动性、客户集中度、信用展期及产品市场的竞争度而有所差异，体现出供应链风险具有明显的传递效应。

米霍夫和纳兰乔（Mihov and Naranjo，2017）对客户集中度与股票回报波动率之间的关系进行了研究。结果发现，客户集中度越高，企业的股票回报波动率越大。吉拉波恩等（Jiraporn et al.，2020）发现企业客户集中度与股价崩盘风险正相关，而政府客户集中度与股价崩盘风险负相关。马晓芳和王文明等（2020）发现企业客户集中度与公司未来的股价崩盘风险正相关。当企业对大客户进行更高水平的专用性投资、拥有较差的信息环境或面临较低的客户转换成本时，这种正相关关系就更加明显。曹锋和张雪燕等（2020）发现主要客户与企业距离越近，企业股价崩盘的风险越低。于博等（2019）考察了客户集中度对股价崩盘风险的影响，发现客户集中度与股价崩盘风险呈"U"型关系。在客户集中度较低的水平上，随着客户集中度上升，企业资金使用效率会因供应链整合效应不断提高和融资约束程度的降低而弱化企业隐藏坏消息的动机，抑制企业股价崩盘风险。在较高的客户集中度水平下，随着客户集中度提高，大客户侵占效应增强，融资约束程度加深，导致企业隐藏负面消息的动机增强，加剧了企业股价崩盘风险。李伟和王赟等（2021）研究客户集中度对股价同步性的影响，发现客户集中度越高，股价中特质性信息含量就越高，股价同步性就越低，且市场竞争地位越高的公司对降低股价同步性的作用越强。

在供应链集中度对企业营运资金管理影响方面，赫尔次尔（Hertzel et al.，2008）、达利瓦尔等（Dhaliwal et al.，2013）认为大客户流失会给企业带来重大的现金流风险，客户集中度越高的企业，增加现金持有水平的意愿越强。达利瓦尔等（Dhaliwal et al.，2016）及坎佩罗等（Campello et al.，2014）认为企业为迎合大客户专用化投资的要求会持有较多现金，客户集中度越高，企业现金持有水平越高。赵秀云和鲍群（2014）以 2008～2012 年中国制造业上市公司为样本，结合产权性质和规模因素考察了供应商与客户关系对企业现金持有决策的影响效应，发现客户集中度越高，供应商越倾向于持有更多现金以履行对客户的承诺并防范客户流失风险；非国有企业持有现金的预防性和承诺性动机更强；进一步研究还发现规模越小的非国有企业，其客户集中度与现金持有水平的正相关关系越强。张志宏和陈峻（2015）以中国 A 股制造业上市公司为样本，研究客户与企业现金持有水平的关系，发现客户集中度显著影响企业的现金持有水平，如果企业有着较为集中的客户群，其现金持有水平也较高。进一步分析显示，相对于专业化经营、披露客户详细和客户信用风险较低的企业，客户对现金持有水平的影响在多元化经营、不披露客户详细信息和客户信用风险较高的企业中更为显著。李艳平和陈正林等（2016）以 2007～2014 年中国制造企业相关数据为研究对象，从合作与风险的视角分别探讨企业客户集中度、供应商集中度以及供应链整合程度对企业现金持有量的影响，发现它们都与企业现金持有量呈正相关关系，说明我国制造企业主要从风险角度决定现金持有量。王俊秋和毕经纬（2016）以 2007～2013 年沪深 A 股制造业上市公司为样本，实证检验了客户集中度对公司竞争优势的影响以及现金持有量在其中的调节效应。研究发现，客户集中度与公司竞争优势呈负相关，尤其是在高竞争行业，客户集中度对公司竞争优势的负面影响更加显著；充裕的现金储备可以通过其风险管理职能和竞争效应显著降低客户集中度对公司竞争优势的负面影响，在高竞争行业，现金持有量有助于缓解客户集中度对公司竞争优势的负面影响。

李姝和王笑之等（2017）认为，从财务安全性和大客户治理作用的角度考虑，客户集中度较高的企业倾向于更高的现金持有水平。彭轩和王雄元（2019）研究了客户集中度与企业提供商业信贷水平的关系，发现客户集中度与企业提供的商业信贷规模呈正相关关系，且这一关系会随着公司债务水平与企业从上游供应商处获取商业信用能力的增加而强化，随着公司面临的风险水平增加而弱化。刘白和居涛（2020）研究了客户关系与企业保理业务融资的关系，发现较高的客户集中度抑制了企业保理融资水平，而稳定的客户关系有利于提高企业的保理融资能力。同时，企业的市场地位减轻了客户集中的负面影响，加强了客户稳定的积极影响；而客户财务约束加剧了客户集中的负面影响，削弱了客户稳定的积极影响。

在供应链集中度对企业会计信息质量要求的影响方面，科尔萨等（Klasa et al.，2012）研究了供应商及客户集中度对企业会计稳健性的影响，发现大客户及供应商凭借较强的议价能力能够促使企业采取稳健的会计政策，降低了信息不对称及收益不对称的负面影响。贾洪彬（2015）则以中国上市公司为样本，研究了供应链集中度与企业会计稳健性的关系，得出了与科尔萨等（2012）一致的结论。赵自强（2015）则进一步研究了供应商/客户集中度与会计稳健性的关系，发现企业出于迎合议价能力较强的大供应商/客户集中度对财务安全性的要求，倾向于采用对坏消息及时确认而对好消息延迟确认的条件会计稳健性政策，在供应链集中度阈值内，随着供应链集中度的增加，企业迎合大客户或供应商财务安全需求而提供公开信息的可能性增加，供应链集中度达到阈值后，大客户或供应商对企业的影响加深，要求提供私有信息的要求更为强烈，从而导致供应链集中度与条件会计稳健性之间呈倒"U"型特征。而企业出于对积极履行与大供应商/客户已有承诺的考虑，管理层在会计政策上倾向于选择高估资产与收益，而低估负债与损失的反向非条件会计稳健性，即供应商/客户集中度越高，非条件会计稳健性水平越低，供应链集中度与非条件会计稳健性之间呈"U"型特征。

方红星和张勇等（2017）研究了供应链集中度对会计信息可比性的影响，认为供应链集中度有利于增强企业与大客户或供应商的私下信息交流，削弱了企业发布可比会计信息以满足供应商及客户信息需求的动机，发现企业供应链集中度越高，会计信息可比性越弱。姚圣和周敏（2016）研究了企业环境信息披露与客户集中度的关系，发现随着客户集中度的增加，企业与大客户之间的合作加深，双方信息不对称程度降低，大客户对企业价值的认同度增加，对企业环境信息披露要求降低，因此客户集中度与企业环境信息披露负相关。伍琼和方军雄等（2016）认为客户集中度的议价能力及供应链整合效应有利于增强企业股价信息含量，降低企业股价同步性水平。拉曼和沙鲁尔（Raman and Shahrur，2008）认为，客户集中度越高，企业为满足大客户要求进行的专用性投资水平越高，而企业出于大客户流失带来风险和专用性投资价值大跌的角度考虑，进行向上的应计盈余管理程度越高，因而较高的客户集中度降低了企业会计信息质量。赵秀云和单文涛等（2018）认为较高的客户集中度使客户议价能力增强，导致企业经营业绩下降和经营风险上升，降低了企业承担社会责任的能力与意愿，同时较高的客户集中度使企业与大客户合作密切，私下信息沟通增多，降低了公开披露信息的意愿。

李刚和王雅清（2017）研究了供应链集中度对企业盈余预测披露的影响，发现供应商/客户集中度越高，企业管理层对盈余预测披露的意愿越强，且这一效果在市场程度高的地区表现更为强烈。顾晓安和王晓军等（2021）发现，较高供应商或客户集中度会带来企业经营风险的增加，从而诱发管理层虚增盈余和平滑盈余的动机，降低企业的盈余透明度。罗栋梁和王基臣等（2022）发现企业的客户集中度越高，应计盈余管理程度越大，而股东网络会抑制客户集中度对应计盈余管理的正向影响。向锐和洪镜淳（2020）研究了供应链集中度对企业会计稳健性的影响，发现随着供应商或客户集中度的提高，企业会计稳健性水平会降低，且这种效应在非国有企业和竞争性行业中表现更为显著。周冬华和梁晓琴（2018）研究了客户集中度对企业会计信息可比性的影响，发现客户集中度越高的企业，其会计信息可比性水平越低。

在供应链集中度对企业风险及经营绩效的影响方面，杰克逊（Jackson，1985）认为供应商可以利用大客户的声望吸引更多客户从而提高销售能力。拉尼尔和温佩等（Lanier and Wempe et al.，2010）发现，集中度较高的供应链具有较好的财务绩效，供应链的财务绩效随供应链集中度和供应链持续时间的不同而产生变化；供应链关系的盈利效益主要是由下游链成员获取，而现金周期收益则是在整个供应链中实现的；供应链成员的财务绩效随下游议价能力、下游关系持续时间和供应整合程度的不同而变化。阿克和帕塔图卡斯（Ak and Patatoukas，2015）认为客户集中度带来的供应链整合效应有利于企业价值的提升，客户集中度越高，企业存货持有量越低，存货周转期越低，存货减值计提及转回的可能性降低，投资者将客户群集中度视为企业估值的净利好因素。欧文和耶尔德汗（Irvine and Yıldızhan，2016）发现客户集中度对公司业绩的影响与合作关系所处的时间阶段有关，在合作的早期阶段，客户集中度下的专用投资导致供应商较高的固定成本、较高的经营杠杆及较高损失的可能性，给公司业绩带来负面影响，而随着合作关系发展，客户集中度给公司带来更多的积极影响，如资源共享、生产流程改造、产品创新、减少更换客户的成本等，有利于提高公司业绩。基姆（Kim，2017）从客户集中度、互联度及依赖度三个维度研究了大客户网络关系对供应商盈利能力的影响，发现客户集中度及互联度与供应商的 ROA 和净资产收益率（ROE）负相关，而客户与供应商之间的依赖度与供应商的 ROA 和 ROE 正相关。夸克和金（Kwak and Kim，2020）发现客户集中度与供应商的盈利能力呈"U"型关系，而随着内部人所有权的增加，这种关系会减弱。内部人所有权可以削弱大客户的议价能力并加强供应商的经营效率。

陈洁和苏寻华（2022）发现，客户集中度与企业管理者风险承担的薪酬激励效果正相关，较高的客户集中度可以提升企业高管的风险承担意愿，缓解代理冲突，从而提高薪酬激励的有效性。董以哲和李畅等（2021）研究了目标企业的客户集中度对企业并购绩效的影响，发现收购方并购具有高客户集中度的目标企业时，其股票市场回报显著降低，长期经营业绩更差，且目标企业的客户转换成本越低、目标企业对客户的专用性投资成本越高、现金波动率越低时，这种效应会越显著。曹越和董以哲等（2021）研究了客户集中度与企业风险承担的关系，发现整体上客户集中度显著降低了企业的风险承担水平。具体来说，客户集中度与企业风险承担之间的负相关关系只在市场化程度高的地区、市场竞争程度高的行业、市场份额较低的企业、创新性较低的企业以及缺少政府性或国有性大客户的企业显著存在。

朱明浩等（2021）发现客户集中度与供应商的企业社会责任绩效负相关，盈利能力和财务约束是客户集中度和企业社会责任绩效之间的潜在传导机制。温文和柯云（2021）研究了新兴市场国家客户集中度对企业社会责任绩效的影响，发现客户集中度与企业社会责任绩效呈负相关关系，且这种关系在供应商缺乏境外客户或境外投资者、在法制环境较差情况下更加显著，其作用机制在于客户对供应商的信息披露需求降低及供应商的社会责任意识缺乏。

唐跃军（2009）基于"议价能力"假说和"供应链整合"假说研究了供应链集中度与企业经营业绩的关系，研究认为，对上游客户而言，在供应商集中度较低时，企业对供应商的依赖有限，企业处于较为自由与有利的地位，同时过低的供应商集中度意味着供应商数目分散却会增加企业输入与输出的交易，不利于供应链整合，此时提高供应商集中度有利于企业业绩的提升；随着供应商集中度和供应商议价能力增加，供应商对企业利益侵占增多，导致企业业绩下降，因而供应商集中度与企业业绩呈倒"U"型关系。对于下游客户，在买方市场环境下，客户的议价能力在客户集中度下会导致企业更多利益被侵占，企业业绩下降，但随着客户集中度增加，企业产品或服务的销售渠道变得更加稳定可靠，供应链整合变得更加容易，有利于企业业绩提升，因而客户集中度与公司业绩之间表现为"U"型关系。

黄晓波和张琪等（2015）发现客户集中度与销售毛利率、经营杠杆系数显著负相关，与市销率显著正相关。李冬伟和汪克夷（2009）发现客户集中度等变量正向影响企业市值。田志龙和刘昌华（2015）利用中国深圳证券市场中小企业板上市的制造业企业的数据研究客户集中度对中小企业绩效的影响，发现中小企业客户集中度对企业绩效有显著正向作用；关键客户议价力在客户集中度与企业绩效间的关系中具有部分中介效应；企业产品类别在客户集中度与企业绩效的关系中具有调节效应；工业品制造企业的客户集中度对企业绩效具有显著正向影响，但其影响在消费品制造企业中并不显著存在。徐虹和林钟高等（2015）实证检验管理层权力、客户集中度对股权激励及企业绩效的影响，发现客户集中度会强化管理层权力与股权激励的正向关系，降低企业价值，并且这种关系在非国有控股公司表现得更加明显。

林钟高和林夜（2016）发现，客户集中度提高对 IPO 公司的业绩表现具有负向影响，进一步加入市场化进程的区域异质性因素后发现，市场化程度的提高能够抑制这种负向影响。陈峻和张志宏（2016）以客户集中度作为企业客户特征的代理变量，研究大客户对企业资本结构动态调整的影响，发现企业的客户集中度越高，其资本结构偏离程度越大，调整速度越快；财政政策是二者关系的调节性因素，在财政政策相对紧缩时客户集中度对企业资本结构动态调整的正向影响比财政政策相对积极时更为显著。顾超成（2017）发现供应链利益主体之间的合作使得双方都得到了相应的好处，下游（装配商）会以最低的资本成本（装配商甚至以低于自身融资成本）向供应商提供融资服务，但可以从上游（供应商/制造商）获得较低的供货价格或稳定的供货服务。

此外，亨利和洛博（Henry and Lobo，2016）研究了客户集中度对公司避税的影响。研究发现，客户集中度强化了公司现金持有和盈余管理的动机，增强了公司避税的可能，客户集中度与公司避税程度正相关。王宇和赵宇亮等（2022）采用 2009~2020 年沪深 A 股上市公司数据，发现随着客户集中度提高，企业避税程度会逐步加深。

以往学者关于供应链集中度对企业财务及经济影响的机理分析为进一步研究企业财务行为提供了重要理论启示。从以往有关供应链集中度的经济影响中可以看出，供应链集中度对企业财务活动影响的理论假说可以归纳为以下三类：第一类侧重供应链集中度的消极效应，其主要思想是大客户或供应商较强的议价能力对企业构成利益侵占，称之为"议价能力说"；第二类侧重供应链的积极效应，其主要思想是较高的供应链集中度有利于上下游企业之间的资源整合，促进企业经营效率的提高，称之为"供应链整合假说"；第三类是综合考虑供应链集中度的有利影响和不利影响，较高的供应链集中度一方面增加了大客户或供应商对企业的威胁，另一方面也强化了大客户或供应商与企业之间的利益合作关系。企业与大客户或供应商在长期合作中形成一种竞合关系，称之为"供应链竞合假说"。以上三类假说代表性文献归纳如表 2-2 所示。

表 2-2　　　　　　　　供应链集中度财务效应代表性文献分类

文献类别	代表性文献
"议价能力假说"文献	赵自强和程畅（2014）；张志宏和陈峻（2015）；林钟高和林夜（2016）；王俊秋和毕经纬（2016）；李艳平和陈正林等（2016）；张勇（2017）；王宇和赵宇亮等（2022）；Hertzel et al.（2008）；Hu and Klasa et al.（2012）；Dhaliwal et al.（2013）；Campello and Gao（2014）；Zhao Ziqiang et al.（2015）；Dhaliwal et al.（2016）；Campello and Gao（2017）；Yang Ziyun（2017）；Casalin and Pang et al.（2017）；Zhang and Zou et al.（2020）；Dong and Li et al.（2021）；Zhu and Yeung（2021）；Wen and Ke（2021）；Rehman and Liu et al.（2021）

续表

文献类别	代表性文献
"供应链整合假说" 文献	李冬伟和汪克夷（2009）；王雄元和王鹏等（2014）；陈峻和王雄元等（2015）；褚剑和方军雄（2016）；李伟和王赟（2021）；Ak and Patatou-kas（2015）；Saboo and Kumar（2016）等
"供应链竞合假说" 文献	唐跃军（2009）；张敏和马黎珺（2012）；徐虹和林钟高（2016）；于博和毛奚玄（2019）；Saboo and Kumar（2016）；Kim（2017）；Irvine and Yıldızhan（2016）；Krolikowski and Yuan（2017）；Kwak and Kim（2020）；Chen（2022）

资料来源：作者根据相关文献整理得出。

2.2.3 文献总评

综上，营运资金管理活动是现代企业财务活动的重要内容，有关营运资金管理的静态问题研究国内外已有较多文献。然而，纵观以往文献，鲜有学者对供应链集中度对营运资金动态调整的影响进行研究，而其影响机理及效果如何，却是一个值得深入探讨的话题。

第3章　供应链集中度对营运资金
动态调整的影响分析

营运资金管理是企业经营活动中的一项重要内容，营运资金的规模水平对企业产、供、销活动的协调运行至关重要，影响企业的经营业绩。营运资金水平过低会给企业带来诸多方面的机会损失（Deloof，2003；Banos-Caballero，2014）；而营运资金投入过多则可能导致赊销风险及产生额外融资成本，进而增加企业的破产风险（Bao，2004；Lamberson，1995）。企业在营运活动中应当对资金持有风险和收益进行权衡，保持一个合理营运资金持有数量或区间。国内外已有文献表明企业存在目标营运资金水平，企业外部环境会对企业营运资金需求产生影响（Hillet al.，2010；吴娜，2013），当营运资金占用偏离目标营运资金水平时，企业会采取措施使营运资金回到目标营运资金水平上来，以实现经营业绩的最大化（Aktas et al.，2015；周华、谭跃，2018）。

现代市场经济条件下，供应商或客户作为企业的外部利益相关者，对企业经营活动会产生日益重要的影响，而供应商或客户集中度则直观反映了企业与供应商或客户合作关系的强弱。已有研究表明，供应商或客户集中度对企业投资效率（陈峻等，2016）、研发创新（Moritz et al.，2016；Krolikowski，2017）、融资成本（Dhaliwal et al.，2016）、股利政策（李刚等，2016）、现金持有（Itzkowitz，2013）及公司绩效（Patatoukas，2012）等有重要影响，但以往文献多是研究供应链集中度对财务活动的静态影响效果，而事实上，企业与大客户或供应商之间的关系通常是一种长期动态的博弈关系，这种动态博弈一方面是基于二者之间的利益争夺，另一方面是基于二者之间的利益合作，而这种竞合关系在营运资金管理活动中直接体现为企业营运资金占用水平的变化，从而对企业风险与收益产生影响。目前国内外有关营运资金动态调整的研究文献较少，而已有关于营运资金动态调整的文献主要是基于公司特征、公司治理的视角来研究，忽视了与营运资金本身密切相关的供应链关系的影响。本书从企业这一重要的外部利益相关者关系出发，对营运资金动态问题进行研究，揭示供应链集中度对企业营运资金偏离程度与调整速度的作用机理及效果，从动态角度加深对营运资金管理问题的认识，拓展有关供应链集中度对企业财务行为影响的研究，为深层次理解营运资金动态调整问题提供崭新的视角。

3.1　理论分析与研究假设

3.1.1　供应链集中度对营运资金偏离程度的影响分析

已有文献表明，企业营运资金需求存在目标值（Chiou et al.，2006；Hill et al.，2010；吴娜，2013；Baos-Caballero et al.，2014；Aktas and Croci et al.，2015；Ben-Nasr，2016）。在经营活动中，受内外部环境因素的影响，企业实际营运资金需求通常会偏离目标水平，而这种偏离可能存在两种情况，即向上偏离和向下偏离（陈克兢、李延喜等，2015）。大客户和供应商是企业重要的外部利益相关者，对企业营运资金管理活动有直接影响，进而可能对营运资金的偏离程度产生影响。以下分别从供应商集中度和客户集中度两个方面展开分析。

1. 供应商集中度对营运资金偏离程度的影响分析

供应商集中度对营运资金偏离程度的影响也可分为向下和向上两种情形。企业在采购活动中，采用的结算方式主要是现金支付和商业信用两种形式，实际结算时具体采用哪种形式，需要根据企业自身财务状况做出利益权衡，在资金较为宽裕时，采用现金支付或提前支付往往能够获取供应商给予的商业折扣或现金折扣；而在资金紧张时，采用商业信用支付可以缓解财务困难。当企业营运资金占用水平较低时，企业资金相对比较充裕，营运资金投放尚有较大空间，采用现金支付或提前付款是较为理想的付款方式，因为这样可以获得来自供应商更多的现金折扣，而且供应商集中度越高，企业更易采取批量采购的方式，在批量采购中以现金支付获得的折扣好处更多（Blinder and Maccini，1991；Fazzari and Petersen，1993；Corsten and Gruen，2004），此时这种付款方式所对应的应付账款规模更小，也意味着对应的目标营运资金水平较高。同时，随着供应商集中度水平的提高，供应商的议价能力会增强，更倾向于提供较少的商业信用或要求企业采用现金支付。也就是说，在营运资金较低时，高供应商集中度需要高水平的目标营运资金与之对应，此时高目标营运资金需求与低实际营运资金水平存在差距，称之为向下偏离；随着企业多余资金不断被投放到营运活动中，企业营运资金占用规模增加，企业实际营运资金逐渐接近目标值，然而在供应商集中度较高的情况下，由于供应商议价能力不断增强，企业更难从大供应商处获取自身需要的商业信用（Brown，2009；Ak and Patatoukas，2016；Fabrizio Casalin，2017），从而导致企业在超出目标营运资金水平下继续增加营运资金投资，最终使实际营运资金需求大于目标营运资金需求，造成营运资金向上偏离。另外，已有文献表明，财务危机会通过供应链传递，在供应链集中度较高时这种传导性更强（Hertzel et al.，2008；Yili Lian，2017）。因此，上游供应商为了防止财务危机传递效应的发生，通常要求企业保持较高的资产流动性，尤其在供应商集中度较高时，主要供应商凭借其较强的议价能力往往要求企业持有更多现金或可变现的流动资产，而企业为获得主要供应商的及时供货通常不得不迎合供应商的要求而保持较高现金持有量（张志宏等，2015；Itzkowitz，2016），其结果必然导致企业营运资金需求量偏离正常水平。根据以上分析提出以下假设：

假设 3 - 1：供应商集中度越高，企业营运资金需求偏离程度越大。

2. 客户集中度对营运资金偏离程度的影响分析

客户集中度对营运资金偏离程度的影响可以分为向下和向上两种情形。市场竞争环境下，为争取有利的市场竞争地位，企业通常会给予大客户较多的商业信用（Brown，2009；Fabrizio Casalin，2017；李姝、王笑之等，2017），对企业的营运资金需求水平产生影响，因此较高的客户集中度通常需要较高的营运资金需求与之相适应。随着客户集中度的增加，原有营运资金需求相对于增加的客户集中度显得不相适应，客观上形成了与客户集中度相适应的目标营运资金需求高于实际营运资金需求，可以称之为向下偏离。这种偏离程度与客户集中度有关，客户集中度越高，对营运资金需求水平也越高，意味着当前的实际营运资金需求与目标营运资金需求的偏离程度越大。在现代市场经济条件下，随着市场竞争的加剧，买方市场日益占据主导地位，大客户成为关乎企业竞争成败的重要资源，大客户的流失往往会给企业经营带来致命的冲击，维持与大客户的合作关系显得尤为重要（Itzkowitz，2013；Dhaliwal et al.，2016），通常表现为大客户要求企业提供更多的库存，给予较大的信用额度或较长的信用期限，其结果会导致企业库存商品及赊销额的增加（黄晓波和张琪等，2015；Saboo and Kumar，2016；张勇，2017）。因此，客户集中度给企业带来的非正常谈判地位，使企业在与大客户合作中做出更多的让步，导致企业实际营运资金需求高于正常水平，称这种偏离为向上偏离，而这种偏离程度又随客户集中度的提高而增加。根据以上分析提出以下假设：

假设 3 - 2：客户集中度越高，企业营运资金需求偏离程度越大。

3.1.2 供应链集中度对营运资金调整速度的影响分析

1. 供应商集中度对营运资金调整速度的影响分析

供应商中度对营运资金偏离的影响也分为向下偏离（实际营运资金需求低于目标营运资金需求）和向上偏离（实际营运资金需求高于目标营运资金需求）两种情形。由于营运资金对偏离的纠正是逆向的，因此供应商集中度对营运资金调整速度的影响则相应分为向上调整速度和向下调整速度两种情形。

就供应商集中度对营运资金向上调整速度的影响而言，较高的供应商集中度有利于加快营运资金向上调整的速度，因为当营运资金处于较低水平时，营运资金处于向下偏离的状态，增加营运资金投资有利于取得更高的资金使用效益（Akt et al.，2015；Ben-Nasret al.，2016；Grzegorz，2016），此时加快营运资金向上调整的速度有利于企业在短期内获得更多的好处。采购活动中，采用现金支付及提前支付通常可以获得较多的商业折扣和现金折扣，在资金充裕的情况下，为获得较多采购优惠，企业通常会理性地多采用现金的方式而少采用商业信用的方式进行采购，而在供应商集中度较高的情况下，企业采用现金支付的方式可以增进与供应商之间的合作与信任，从而得到更多折扣，增强了企业从大供应商处进行现金采购的动力。随着供应商集中度的提高，企业对供应商的依赖性增加，供应商的议价能力不断增强，企业从大供应商处获得商业信用的难度也会增加（Campello and Gao，2014；陈金龙和周兴，2014；李艳平和陈正林等，2016；张勇，2017；赵秀云和单文涛等，2018），导致企业能够获取的商业信用规模降低，加剧了高供应商集中度下企业营运向上调整的速度。

较高的供应商集中度也会加快营运资金向下调整的速度，原因如下。其一，供应商集中度越高，议价能力越强，采购中企业可获取的商业信用水平下降，增加了企业采购中现金的使用，降低了企业自由现金流水平，当企业处于较高的营运资金占有水平时，可能导致企业资金紧张，若企业面临较好的投资机会，将不得不对营运资金进行调整来满足投资需要（Akt et al.，2015）。其二，供应商集中度带来的潜在风险也会迫使企业对营运资金进行向下调整以控制风险。供应商集中度越高，意味着企业采购依赖少数供应商的程度增加，当供应商经营状况发生危机或企业与供应商关系恶化时企业将会面临原材料中断的风险，较高的供应商集中度会导致公司风险上升，供应商集中度风险与较高营运资金水平上的风险相叠加，导致公司总体风险更高，这种潜在损失与风险可能使企业难以承受。市场竞争中风险高的企业一旦被竞争对手察觉，又很容易成为被攻击的对象，从而被竞争对手赶出市场。因此，在营运资金较高的水平上，如果供应商集中度较高，基于对风险的考虑，企业会加快对营运资金进行向下调整以保持合理的财务弹性。其三，较高的供应商集中度有利于企业与上游供应商关系的协调，降低了营运资金调整的阻力与成本。已有研究表明，大供应商较强的议价能力有利于提高企业信息披露质量（Hui et al.，2012），能够强化企业与供应商的信任与合作（Pata-toukas，2012），在遇到问题时更容易达成谅解，从而降低企业在财务困难时对营运资金进行调整的阻力。同时与少数供应商进行合作，也有利于企业与供应商进行深度沟通，在对营运资金进行调整时节约时间、精力与成本，加快营运资金的调整速度。

供应商集中度带来的财务关联效应有利于企业对营运资金进行调整。已有研究表明，较高的供应商集中度会使供应链上下游进行较多的专用性投资，这种专用性投资会使各方违约成本增加，由此绑定了双方长期合作的关系，使得双方在财务风险方面休戚相关，而这种关系会随着交易规模的增大而增加，供应商集中度越高，二者风险相关度也越高（Hertzel，2008；Mihov and Naranjo，2017）。出于对风险传递的担心及对对方财务困境的体恤，双方在信用供给增加或减少方面通常会积极配合（吴娜，2017），这种情况下，无论是向上调整还是向下调整，较高的供应商集中度都有利于企业对营运资金进行调整。根据以上分析提出以下假设：

假设3-3：供应商集中度越高，企业营运资金调整速度越快。

2. 客户集中度对营运资金调整速度的影响分析

客户集中度对营运资金偏离的影响分为向下偏离（实际营运资金需求低于目标营运资金需求）和向上偏离（实际营运资金需求高于目标营运资金需求）两种情形。由于营运资金对偏离的纠正是逆向的，因此，客户集中度对营运资金调整速度的影响则相应分为对向上调整速度的影响和对向下调整速度的影响两种情形。

首先，就客户集中度对营运资金向上调整速度的影响而言，较高的客户集中度会加快营运资金向上调整的速度，因为营运资金向下偏离的表现是实际营运资金需求低于目标营运资金需求，这意味着此时企业营运资金投入并未达到最佳水平，增加营运资金投入可以带来更多的收益（Ben-Nasr et al.，2016；Grzegorz，2016），如利用多余资金扩大商业信用规模，争取更多客户以扩大市场占有率，取得行业竞争优势。而在激烈的市场竞争环境下，大客户作为稀缺的竞争资源备受市场主体的青睐与追捧，抓住大客户资源不仅可以给企业带来稳定的收入、降低寻找市场资源的精力与成本，而且可以迅速提高企业的市场占有率，实现更高水平的资源共享，达到强化企业市场地位的效果，也赋予大客户较强的议价能力。为获取新的大客户资源或维持已有大客户资源，企业通常需要给予大客户更高水平的商业信用（陈金龙、周兴，2014；李艳平、陈正林等，2016；李姝、王笑之等，2017；赵秀云、单文涛等，2018），因此较高的客户集中度通常会促使企业营运资金在较短的时间内快速增加，从而加快企业营运资金向上调整的速度。

其次，就客户集中度对营运资金向下调整速度的影响而言，较高的客户集中度会加快营运资金向下调整的速度，原因如下。其一，客户集中度会对企业的融资约束程度产生影响，迫使企业为满足投资需求而转向对营运资金进行调整。已有文献表明，较高的客户集中度会导致公司风险上升，客户集中度风险与较高营运资金水平上的风险叠加，导致公司总体风险更高（Grzegorz，2016）。同时，客户集中度越高，企业给予大客户信用规模越多，企业资金更多地被大客户所占用，可能导致企业资金紧张。当企业面临较好的投资机会时，由于受到较高的外部融资约束，企业对营运资金进行调整来满足投资需要的动机较为强烈（Fazzari，1993；Ding，2013；吴娜，2013；Akt et al.，2015）。吴娜（2013）的研究也表明融资约束程度高的公司比融资约束程度低的公司对营运资金的管理更加积极，营运资金调整速度更快。其二，客户集中度带来的潜在风险会迫使企业对营运资金进行向下调整以控制风险。企业通常会迎合大客户的要求进行较多的专用性投资，而这种专用性投资在客户采购内部化或转向其他供应商时，其价值大大降低，同时较高的客户集中度伴随着较高的赊销风险和坏账损失（Itzkowitz，2013；Dhaliwal et al，2016），客户流失将使企业面临巨大的损失和风险，而这种潜在的损失与风险可能使企业难以承受。而且市场竞争中风险高的企业一旦被竞争对手察觉，又很容易成为被攻击的对象，从而被竞争对手赶出市场。因此，在营运资金较高的水平上，如果客户集中度较高，基于对风险的考虑，企业会加快对营运资金进行向下调整以保持合理的财务弹性。其三，较高的客户集中度有利于企业与下游客户关系的协调，降低营运资金调整的阻力与成本。已有研究表明，大客户较强的议价能力有利于提高企业信息披露质量（Hui et al.，2012），有利于增进企业与大客户的合作关系，也有利于强化企业与其他客户的信任与合作（Patatoukas，2012），在遇到问题时更容易达成谅解，从而降低营运资金向下调整的阻力；同时与少数大客户进行合作也有利于企业与客户深度沟通，在对营运资金调整时节约时间、精力与成本，从而降低企业营运资金调整的成本，加快营运资金的调整速度。

最后，客户集中度带来的财务关联效应对营运资金向上调整和向下调整的速度都起到正向推动作用。已有研究表明，较高的客户集中度会使供应链上下游进行较多的专用性投资，这种专用性投资会使各方的违约成本增加，由此绑定了双方长期合作的关系，使得双方在财务风险方面休戚相关，同时会随着交易规模增大而增加，客户集中度越高，二者风险相关度也越高。达利瓦尔等（2016）的研究表明，企业风险会沿着供应链向上游或下游传递，随着客户集中度的增加，企业与客户之间财务风险传递的可能性会增加，出于对风险传递的担心及对对方财务困境的体恤，双方在信用供给方面通常会积极配合（吴娜，2017）。因此，无论是向上调整还是向下调整，较高的客户集中度都有利于企业对营运资金进行快速调整。根据以上分析提出以下假设：

假设 3 - 4：客户集中度越高，企业营运资金调整速度越快。

3.1.3 供应链集中度对营运资金调整方向的影响分析

供应链集中度对营运资金偏离的影响存在两种情形：向上偏离的影响和向下偏离的影响，其调整方向则对应存在着向下调整和向上调整，但这两种调整方向在调整速度上可能存在差异。当企业营运资金处于较低水平时（即向下偏离），企业有较多剩余资金可以满足供应商或客户信用需求，充分利用闲置资金可以扩大市场占有率，提高资金的使用效益，此时以追求资金使用效益为特征的向上调整动机比较强烈。当企业营运资金处于较高的水平时（即向上偏离），由于企业投放的净商业信用规模较大，企业面临的信用风险较高，可能存在资金链断裂的可能，此时为防范风险，企业营运资金向下调整的动机比较强烈。

那么对营运资金向下偏离进行的向上调整和对营运资金向上偏离而进行的向下调整在速度上是否存在显著的差异？这其实是管理者对收益追求和对风险规避的态度问题。行为心理学研究认为，人们对风险的规避与和对收益的追求通常具有不对称性，对风险厌恶的程度通常大于对收益获取的程度（Tversky and Kahneman，1991），这种效应在行为金融学中已经得到了证实，如谢海滨和范奎奎（2015）在研究中国股市对市场消息的反应时发现，人们对利好消息和利空消息的反应存在非对称性，相对于利好消息，利空消息对资产价格造成的波动性更大，持续性更久，而中国股市呈现的"牛短熊长"的特性则证实了这一效应。

吕峻（2015）认为，营运资金受投资成本不对称的影响，在经济上行期倾向增加投资水平，而在经济下行期倾向降低水平，吴娜（2013）及张淑英（2015）发现，经济周期下行期的营运资金调整速度快于经济周期上行期的调整速度。盛明泉（2016）发现，资本结构在动态调整过程中，企业基于财务风险规避考虑而进行负债水平向下调整的速度快于基于追求负债杠杆收益而进行负债水平向上调整的速度。王苑琢和王竹泉等（2017）在对中国上市公司营运资本效率与财务风险调查中发现，我国上市公司在营运资金管理活动中多数倾向于风险规避型财务安排。由此，在营运资金调整方面，基于风险规避与收益追求的不对称性，企业对营运资金向下调整的反应程度可能强于向上调整的反应程度，进而向下调整的速度快于向上调整的速度。同时，供应链集中度可能对营运资金不同调整方向上的调整速度产生影响，在供应链集中度较高的情况下，企业对大供应商或大客户的依赖程度更高，大供应商终止供货或大客户流失对企业经营活动将产生打击，企业陷入困境甚至破产清算对管理层报酬和未来发展会产生不利影响，此时管理层为规避这种局面的发生，对营运资金进行向下调整的意愿也极为强烈（Huang，2016；Grzegorz，2016），从而更大程度上加速了营运资金向下调整。根据以上分析提出以下假设：

假设 3 - 5：营运资金在不同调整方向上的调整速度存在着差异性，营运资金向下调整的速度快于向上调整的速度。

假设 3 - 6：相对于供应链集中度低的企业而言，营运资金向下调整的速度快于向上调整的速度的这一现象在供应链集中度高的企业中更为明显。

3.2　研究设计

3.2.1　样本选取与数据来源

本书使用面板数据，以沪深 A 股上市公司为研究对象，样本区间为 2007～2020 年，数据来源于深圳国泰安公司的《中国上市公司财务年报数据库系统》，在数据选择上剔除数据不全的公司；考虑到金融类上市公司的财务特殊性，剔除金融保险类公司；考虑到非日常经营行为的特殊影响，进一步剔除 ST 特别处理公司及当年发生并购或控制权转移的公司；由于动态角度研究供应链集中度与营运资金的关系至少需要两个年度，为此剔除连续年度不超过两个年度的样本；为消除异常值可能带来的影响，对连续变量在 1% 的水平上进行了缩尾处理。另外，一些上市公司在披露前五大供应商及前五大客户信息时，出现某些年份只披露了前五大供应商信息而未披露前五大客户信息，或只披露了前五大客户信息而未披露前五大供应商信息的情况，因此将数据区分为供应商集中度和客户集中度两类不同数量的样本。经过以上处理后，最终得到 6663 个供应商集中度有效观测值和 11690 个客户集中度有效观测值。

3.2.2 变量定义及度量

1. 被解释变量说明

本书以营运资金需求作为被解释变量，为了客观地反映经营活动中供应链环节上营运资金的占用水平，本书借鉴巴诺斯和加西亚等（2010）、希尔和凯利等（2010）及吴娜（2013）等学者的做法，剔除投资活动与筹资活动中的流动性项目，以经营活动中的流动资产项目总和与流动负债项目总和的差额除以当期的总资产表示营运资金需求，用符号 Wcr 表示。指标具体计量方法见表 3 - 1。

表 3 - 1 被解释变量定义

变量符号	变量名称	变量计量
Wcr	营运资金需求	Wcr = [（应收账款 + 应收票据 + 其他应收款 + 预付账款 + 存货）- （应付票据 + 应付账款 + 预收账款 + 应付职工薪酬 + 应交税费 + 其他应付款）] / 总资产
Dev	偏离程度	实际营运资金需求与目标营运资金需求之差的绝对值

变量符号	变量名称	变量计量
以下变量替代被解释变量用于稳健性检验		
Wcr_ld	净营运资金	流动资产 – 流动负债
Wcr_ind	经行业调整的营运资金需求	各年度营运资金需求 – 行业中位数
Wcr_si	营运资金需求季度平均值并进行行业调整	各年度四个季度营运资金需求平均值 – 行业中位数

2. 解释变量说明

本书以供应链集中度作为解释变量。供应链集中度是企业供应链环节中上游采购的集中程度和下游销售的集中程度。本书参照帕塔图卡斯（2012）、张西征（2017）、方红星（2017）及李艳平（2017）等学者的做法，把供应链集中度归纳为供应商集中度（Supplier）和客户集中度（Customer）两个方面。供应商集中度方面，以来自前五大供应商的采购额之和占全部采购额的比例衡量供应商集中度的大小，用符号 Supplier 表示。主回归中同时用来自前五大供应商采购额占比的赫芬达尔指数（Sup_h）作为参考指标；稳健性检验中分别用第一大供应商采购额占比（Sup1）及是否存在采购额占比 10% 以上的供应商（Sup_d）作为衡量供应商集中度的指标。客户集中度方面，以公司前五大客户销售额之和占全部销售额的比例衡量客户集中度的大小，用符号 Customer 表示。主回归中用前五大客户销售占比的赫芬达尔指数（Cus_h）作为参考指标；稳健性检验中用第一大客户销售额占比（Cus1）及是否存在销售占比 10% 以上的大客户（Cus_d）作为衡量公司客户集中度的指标。以上指标定义及计量见表 3 – 2。

表 3 – 2　　　　　　　　　　　　　　解释变量定义

变量符号	变量名称	变量计量
Supplier	供应商集中度	前五名供应商采购比之和
Customer	客户集中度	前五名客户销售比之和
Sup_h	供应商集中度	前五名供应商采购比平方和

变量符号	变量名称	变量计量
Cus_h	客户集中度	前五名客户销售比平方和
以下变量替代解释变量用于稳健性检验		
Sup1	第一大供应商	第一大供应商采购比
Cus1	第一大客户	第一大客户销售比
Sup_d	是否存在大供应商	企业披露的供应商中有占其采购额10%及以上的值为1，否则为0
Cus_d	是否存在大客户	企业披露的客户中有占其采购额10%及以上的值为1，否则为0

3. 控制变量说明

根据主流文献（Lee and Wu，1988；Peles and Schneller，1989；Banos，Garcia and Martinez，2010；Hill and Kelly，2010；吴娜，2013；Godfred et al.，2015；Aktas and Croci et al.，2015；王竹泉等，2016），研究营运资金需求影响因素时主要考虑以下因素。

（1）公司规模（Size）。规模大的公司通常信息披露质量较高，降低了与外部主体的信息不对称程度（Jordan，Lowe and Taylor，1998；Berger，Klapper and Udell，2001），有利于在资本市场中进行融资，因此规模大的公司更易于为营运资金活动提供资金需求；然而也有证据表明，规模小的公司由于知名度较低，为了拓展市场通常提供更高的商业信用给客户（Lee and Stowe，1993；Long，Malitz，and Ravid 1993；Pike et al.，2005），同时却又难以从上游供应商处获得商业信用（Niskanen and Niskanen，2006），因此，公司规模越小，营运资金需求水平越高。综合以上两种情况，公司规模可能会对公司营运资金需求水平产生影响，但具体方向有待进一步检验。

（2）公司成长性（Grow）。成长性较高的公司通常会把商业信用作为解决外部融资约束的一种渠道（Petersen and Rajan，1997；Cunat，2007），其倾向于从上游供应商处争取商业信用而减少给予下游客户商业信用（Molina and Preve，2009），因此公司成长性越高，营运资金需求越低。

（3）现金流量（Cflow）。营运管理活动中，经营活动的现金流量与企业销售提供的商业信用规模负相关，与采购活动中取得的商业信用规模正相关。因此，可以预计企业经营现金流水平与营运资金需求呈负相关关系。

（4）杠杆水平（Lev）。公司杠杆水平越高，意味着负债水平越高，企业破产风险越大，再融资难度增加，融资成本上升，受外部融资约束的影响，企业投放在营运活动中资金水平将下降，因此，预计杠杆水平与企业营运资金需求呈负相关关系。

（5）固定资产投资水平（Fa）。在市场不完美的情况下，企业对固定资产活动的投资与营运活动的投资存在着竞争关系（Fazzari and Petersen，1993），因此，本书预期固定资产投资水平与营运资金需求水平呈负相关关系。

（6）总资产收益率（Roa）。总资产收益率综合反映了企业盈利能力，一方面，企业盈利水平越高，产生现金流的能力增强，可用于营运活动的现金水平增加，营运资金需求水平增加；另一方面，较强的盈利能力为企业外部融资提供了良好的物质基础，提高了企业的举债能力，降低了企业融资成本，为增加企业营运资金投资提供了便利。因此，预计总资产收益率与企业营运资金需求呈正相关关系。

（7）留存收益比率（Re）。留存收益比率反映了企业内部的融资能力，为避免未来外部融资困境，企业少发放股利，多留存利润。留存收益越多，企业用于投资到营运活动中的资金越多，二者呈正相关关系。

（8）融资成本（Fcost）。外部融资成本越高，投资在营运活动中的资金成本则越高，为避免未来外部融资降低资金成本，企业可能选择较低营运资金投资水平，因此，预期外部融资成本与企业营运资金需求呈负相关关系。以上控制变量说明见表 3 - 3。

表 3 - 3　　　　　　　　　　控制变量的定义及衡量

变量性质	变量符号	变量名称	变量计量
控制变量	Size	公司规模	营业收入的自然对数
	Grow	公司成长性	（期末总资产 - 期初总资产）/期初总资产
	Cflow	现金流量	经营活动现金净流量/总资产
	Lev	杠杆水平	负债总额/资产总额
	Fa	固定资产投资水平	固定资产/总资产

变量性质	变量符号	变量名称	变量计量
	Roa	总资产收益率	净利润/总资产
控制变量	Re	留存收益比率	(盈余公积＋未分配利润)/总资产
	Fcost	融资成本	财务费用/(负债－应付账款)

3.2.3 研究模型

公司的目标营运资金需求量通常无法直接观测，为此，本书借鉴巴诺斯和加西亚（2010）、希尔和凯利（2010）及吴娜（2013）等学者的做法，用公司特征变量来近似拟合目标营运资金需求量。据此，设定目标营运资金需求模型为：

$$\text{Wcr}_{i,t}^* = \beta_0 + \beta_1 \text{Size}_{i,t} + \beta_2 \text{Grow}_{i,t} + \beta_3 \text{Cflow}_{i,t} + \beta_4 \text{Lev}_{i,t} + \beta_5 \text{Fa}_{i,t}$$
$$+ \beta_6 \text{Roa}_{i,t} + \beta_7 \text{Re}_{i,t-1} + \beta_8 \text{Fcost}_{i,t} + \mu_{i,t} + \varepsilon_{i,t} \qquad \text{模型 3-1}$$

采用局部调整模型对营运资金调整速度进行考察，借鉴已有文献，本书采用模型3-2测量企业营运资金的调整速度。

$$\text{Wcr}_{i,t} - \text{Wcr}_{i,t-1} = \theta(\text{Wcr}_{i,t}^* - \text{Wcr}_{i,t-1}) + \varepsilon_{i,t} \qquad \text{模型 3-2}$$

将模型3-1代入模型3-2，得到模型3-3：

$$\text{Wcr}_{i,t} = (1-\theta)\text{Wcr}_{i,t-1} + \theta(\beta_0 + \beta_1 \text{Size}_{i,t} + \beta_2 \text{Grow}_{i,t} + \beta_3 \text{Cflow}_{i,t}$$
$$+ \beta_4 \text{Lev}_{i,t} + \beta_5 \text{Fa}_{i,t} + \beta_6 \text{Roa}_{i,t} + \beta_7 \text{Re}_{i,t-1} + \beta_8 \text{Fcost}_{i,t} + \mu_{i,t} + \varepsilon_{i,t}) + \omega_{i,t}$$
$$\text{模型 3-3}$$

其中，$\text{Wcr}_{i,t}$表示本期营运资金需求量，$\text{Wcr}_{i,t-1}$表示上一期营运资金需求量，$\text{Wcr}_{i,t}^*$表示目标营运资金需求量，差量（$\text{Wcr}_{i,t}^* - \text{Wcr}_{i,t-1}$）表示上期营运资金偏离目标营运资金的水平，而差量（$\text{Wcr}_{i,t} - \text{Wcr}_{i,t-1}$）则意味着本期营运资金对以上偏差的纠正，$\theta$代表营运资金的调整速度。由于调整成本或意愿的存在，通常情况下，θ在0~1取值，当θ取值为0时，意味着没有对营运资金的偏离进行调整；当θ取值为1时，意味着对营运资金进行了调整，本期就回到了目标营运资金水平；当θ取值大于1时，意味着对营运资金进行了过度调整；当θ取值小于0时，意味着对营运资金进行了逆向调整。

供应链集中度对营运资金需求的影响可能存在滞后性，考察供应链集中度对目标营运资金需求的影响，在原目标营运资金需求的基础上加入供应链集中度变量滞后一期值（$SCC_{i,t-1}$），得到模型 3 - 4：

$$Wcr^* = \beta_0 + \beta_1 SCC_{i,t-1} + \beta_2 Size_{i,t} + \beta_3 Grow_{i,t} + \beta_4 Cflow_{i,t} + \beta_5 Lev_{i,t}$$
$$+ \beta_6 Fa_{i,t} + \beta_7 Roa_{i,t} + \beta_8 Re_{i,t} + \beta_9 Fcost_{i,t} + \mu_{i,t} + \varepsilon_{i,t} \qquad 模型\ 3 - 4$$

模型 3 - 4 中，若系数 β_1 显著为正值，则表明供应链集中度越高，目标营运资金需求程度越高；若系数 β_1 显著为负值，则表明供应链集中度越高，目标营运资金需求水平越低。

为考察供应链集中度对营运资金需求偏离程度的影响，建立模型 3 - 5：

$$Dev = \beta_0 + \beta_1 SCC_{i,t-1} + \beta_2 Size_{i,t} + \beta_3 Grow_{i,t} + \beta_4 Cflow_{i,t} + \beta_5 Lev_{i,t}$$
$$+ \beta_6 Fa_{i,t} + \beta_7 Roa_{i,t} + \beta_8 Re_{i,t-1} + \beta_9 Fcost_{i,t} + \mu_{i,t} + \varepsilon_{i,t} \qquad 模型\ 3 - 5$$

模型 3 - 5 中，Dev 表示实际营运资金需求对目标营运资金需求水平的偏离，数值等于实际营运资金需求与目标营运资金需求之差的绝对值，而偏离方向可能是向上偏离，也可能是向下偏离，本模型只考虑偏离程度，取绝对值。该模型中，若系数 β_1 显著为正值，则表明供应链集中度越高，营运资金需求的偏离程度越大；若系数 β_1 显著为负值，则表明供应链集中度越高，营运资金需求的偏离程度越小。

为考察供应链集中度对营运资金调整速度的影响，在模型 3 - 3 的基础上加入滞后一期供应链集中度变量 $SCC_{i,t-1}$ 及交互项 $SCC_{i,t-1} \times Wcr_{t-1}$ 后，得到模型 3 - 6：

$$Wcr_{i,t} = (1 - \theta) Wcr_{i,t-1} + \alpha_1 SCC_{i,t-1} + \alpha_2 SCC_{i,t-1} \times Wcr_{i,t-1}$$
$$+ \theta(\beta_0 + \beta_1 Size_{i,t} + \beta_2 Grow_{i,t} + \beta_3 Cflow_{i,t} + \beta_4 Lev_{i,t} + \beta_5 Fa_{i,t}$$
$$+ \beta_6 Roa_{i,t} + \beta_7 Re_{i,t} + \beta_8 Fcost_{i,t} + \mu_{i,t} + \varepsilon_{i,t}) + \omega_{i,t} \qquad 模型\ 3 - 6$$

模型 3 - 6 中，通过交互项系数 α_2 验证供应链集中度对营运资金调整速度的影响，若交互项系数 α_2 显著为正值，则表明营运资金的调整速度越慢；若交互项系数 α_2 显著为负值，则表明营运资金的调整速度越快。

3.3 实证结果与分析

3.3.1 描述性统计

表 3 -4 给出了各主要变量的描述性统计结果，2007～2020 年我国上市公司营运资金需求的均值和中位数为 0.134，标准差为 0.175，表明我国上市公司营运资金组间分布较为均衡；上市公司营运资金偏离程度均值为 0.113，中位数为 0.089，最小值为 0，最大值为 0.870，标准差为 0.098，表明我国上市公司营运资金偏离程度存在较大差异，分布也存在较大的不平衡性。

以前五大供应商采购之和占全部采购比重衡量的供应商集中度指标（Supplier）的均值为 0.378，中位数为 0.325，最大值为 0.972，最小值为 0.056，标准差为 0.224，说明我国上市公司总体供应商集中度水平不是很高，分布不均匀，部分公司供应商集中度接近全部采购比重，部分公司的采购集中度很低，上市公司供应商集中度存在较大差异。

以前五大客户销售额之和占全部销售比重衡量的客户集中度指标（Customer）的均值为 0.315，中位数为 0.255，最大值为 0.988，最小值为 0.046，标准差为 0.223，说明我国上市公司总体客户集中度水平不是很高，分布不均匀，部分公司大客户集中度接近全部销售比重，部分公司几乎不存在大客户，上市公司客户集中度存在较大差异。

表 3 -4 有关变量描述性统计

变量	样本量（个）	均值	中位数	标准差	最小值	最大值
Wcr	11690	0.134	0.134	0.175	− 0.452	0.746
Wcr_{t-1}	8310	0.137	0.136	0.174	− 0.452	0.746
Dev	8310	0.113	0.089	0.098	0	0.870

续表

变量	样本量（个）	均值	中位数	标准差	最小值	最大值
Customer	11690	0.315	0.255	0.223	0.046	0.988
Cus_h	11690	0.202	0.081	0.301	0.000	1.644
Supplier	6663	0.378	0.325	0.224	0.056	0.972
Sup_h	6682	0.064	0.026	0.102	0	0.619
Size	11690	21.12	20.01	1.460	16.571	25.148
Grow	11690	0.253	0.117	0.470	-0.391	2.506
Cflow	11690	0.049	0.047	0.097	-0.273	0.352
Lev	11690	0.433	0.418	0.235	0.049	1.541
Fa	11690	0.229	0.194	0.166	0.002	0.757
Roa	11690	0.054	0.051	0.059	-0.244	0.234
Re	11690	0.110	0.151	0.328	-2.606	0.482
Fcost	11690	0.024	0.030	0.189	-0.991	0.239

资料来源：根据国泰安数据库公布的我国上市公司财务数据并通过 Stata 软件处理得出。

此外，本书分别以各年度行业的供应商集中度及客户集中度中位数为界对样本进行了划分，分为高供应商集中度组和低供应商集中度组、高客户集中度组和低客户集中度组，并对两个组的主要变量进行描述性统计和差异分析。

从供应商集中度分组角度来看，如表 3-5 所示，高供应商集中度下变量 Supplier 均值与中位数分别为 0.536 和 0.499，低供应商集中度下变量 Supplier 均值与中位数分别为 0.233 与 0.218，两组均值的差异为 0.304，t 值为 74.98，在 1% 水平上显著；高供应商集中度下变量 Wcr 均值与中位数分别为 0.144 和 0.141，低供应商集中度下变量 Wcr 均值与中位数分别为 0.132 与 0.135，两组均值的差异为 0.012，t 值为 2.783，在 1% 水平上显著；高供应商集中度下变量 Dev 均值与中位数分别为 0.120 和 0.093，低供应商集中度下变量 Dev 均值与中位数分别为 0.106 与 0.085，两组均值的差异为 0.014，t 值为 4.915，在 1% 水平上显著。直观来看，高供应商集中度下营运资金需求和偏离程度的均值和中位数均大于低供应商集中度下的营运资金需求及偏离程度的均值和中位数。

表 3－5　　供应商集中度分组下关键变量均值、中位数差异性检验

变量名	高供应商集中度			低供应商集中度			差异性检验	
	样本量（个）	均值	中位数	样本量（个）	均值	中位数	均值差异	t 值
Supplier	3197	0.536	0.499	3466	0.233	0.218	0.304 ***	74.98
Wcr	3197	0.144	0.141	3466	0.132	0.135	0.012 ***	2.783
Dev	2033	0.120	0.093	2271	0.106	0.085	0.014 ***	4.915

注：＊＊＊ 表示 $p < 0.01$。
资料来源：根据国泰安数据库公布的我国上市公司财务数据并通过 Stata 软件处理得出。

　　从客户集中度分组角度来看，如表 3－6 所示，高客户集中度下变量 Customer 均值与中位数分别为 0.468 和 0.423，低客户集中度下变量 Customer 均值与中位数分别为 0.171 与 0.118，两组均值的差异为 0.297，t 值为 96.13，在 1% 水平上显著；高客户集中度下变量 Wcr 均值与中位数均为 0.138，低客户集中度下变量 Wcr 均值与中位数均为 0.129，两组均值的差异为 0.009，t 值为 2.802，在 1% 水平上显著；高客户集中度下变量 Dev 均值与中位数分别为 0.120 和 0.093，低客户集中度下变量 Dev 均值与中位数分别为 0.106 与 0.085，两组均值的差异为 0.015，t 值为 6.940，在 1% 水平上显著。直观来看，高客户集中度下营运资金需求和偏离程度的均值和中位数均大于低客户集中度的营运资金需求及偏离程度的均值和中位数。

表 3－6　　客户集中度分组下关键变量均值、中位数差异性检验

变量名	高客户集中度			低客户集中度			差异性检验	
	样本量（个）	均值	中位数	样本量（个）	均值	中位数	均值差异	T 值
Customer	5693	0.468	0.423	5997	0.171	0.118	0.297 ***	96.13
Wcr	5693	0.138	0.138	5997	0.129	0.129	0.009 ***	2.802
Dev	3974	0.120	0.093	4336	0.106	0.085	0.015 ***	6.940

注：＊＊＊ 表示 $p < 0.01$。
资料来源：根据国泰安数据库公布的我国上市公司财务数据并通过 Stata 软件处理得出。

3.3.2　相关性系数分析

表 3-7（a）给出了供应商集中度下主要变量的 Pearson 相关性分析，从分析结果上看，供应商集中度（Supplier）与营运资金需求（Wcr）呈正相关关系，相关系数为 0.028；公司规模、经营活动现金流、杠杆比率、固定资产投资水平均与营运资金需求显著负相关，而公司成长性、总资产收益率、留存收益比率、融资成本均与营运资金需求显著正相关，且这些变量之间的相关系数绝对值绝大多数都在 0.4 以下，与以往文献结果基本一致，也初步表明本书控制变量的选取较为合理。

表 3-7（b）给出了客户集中度下主要变量的 Pearson 相关性分析，从分析结果上看，客户集中度（Customer）与营运资金需求（Wcr）存在负相关关系，相关系数为 -0.013，方向为负可能与营运资金调整有关；公司规模、经营活动现金流、杠杆比率、固定资产投资水平均与营运资金需求显著负相关，而公司成长性、总资产收益率、留存收益比率、融资成本均与营运资金需求显著正相关，且这些变量之间的相关系数绝对值都在 0.4 以下，与以往文献结果基本一致，也初步表明本书控制变量的选取较为合理。

表 3-7（a）　　　　　　相关系数分析（供应商集中度下）

变量	Wcr	Supplier	Size	Grow	Cflow	Lev	Fa
Wcr	1.000						
Supplier	0.028 **	1.0000					
Size	-0.090 ***	-0.208 ***	1.000				
Grow	0.002	0.004	-0.132 ***	1.000			
Cflow	-0.315 ***	-0.046 **	0.074 ***	0.058 ***	1.000		
Lev	-0.161 ***	-0.045 ***	0.462 ***	-0.186 ***	-0.184 ***	1.000	
Fa	-0.305 ***	0.050 ***	0.133 ***	-0.275 ***	0.156 ***	0.137 ***	1.000
Roa	0.072 ***	-0.029 ***	0.084 ***	0.298 ***	0.364 ***	-0.292 ***	-0.159 ***
Re	0.216 ***	-0.123 ***	0.183 ***	0.067 ***	0.211 ***	-0.384 ***	-0.064 ***
Fcost	0.052 ***	-0.034 ***	0.231 ***	-0.078 **	-0.072 ***	0.424 ***	0.212 ***

变量	Roa	Re	Fcost	—	—	—	—
Roa	1.000						
Re	0.360***	1.000					
Fcost	−0.061***	−0.125***	1.000				

注：** 表示 p<0.05，*** 表示 p<0.01。
资料来源：根据国泰安数据库公布的我国上市公司财务数据并通过 Stata 软件处理得出。

表3-7（b）　　　　　　相关系数分析（客户集中度下）

变量	Wcr	Customer	Size	Grow	Cflow	Lev	Fa
Wcr	1.000						
Customer	−0.013***	1.0000					
Size	−0.070***	−0.141***	1.000				
Grow	0.028***	0.004**	0.075***	1.000			
Cflow	−0.308***	−0.046**	0.061***	0.023**	1.000		
Lev	−0.209***	−0.025***	0.388***	−0.054***	−0.166***	1.000	
Fa	−0.328***	0.051***	0.090***	−0.217***	0.194***	0.138***	1.000
Roa	0.071***	−0.061***	0.073***	0.263***	0.364***	−0.259***	−0.114***
Re	0.254***	−0.148***	0.247***	0.089***	0.228***	−0.421***	−0.066***
Fcost	0.013	−0.037***	0.187***	−0.021**	−0.046***	0.437***	0.235***

变量	Roa	Re	Fcost	—	—	—	—
Roa	1.000						
Re	0.336***	1.000					
Fcost	−0.055***	−0.119***	1.000				

注：** 表示 p<0.05，*** 表示 p<0.01。
资料来源：根据国泰安数据库公布的我国上市公司财务数据并通过 Stata 软件处理得出。

3.3.3　多重共线性分析

为考察自变量是否存在多重共线性，分别对供应商集中度下和客户集中度下的自变量进行了方差膨胀因子检验，结果如表3-8（a）和表3-8（b）所示。供应商集中度下方差膨胀因子 VIF 的最大值为 2.15，均值为 1.43，均远小于 10，因而供应商集中度下自变量间不存在多重共线性问题。客户集中度下方差膨胀因子 VIF 的最大值为 2.20，均值为 1.45，均远小于 10，因而客户集中度下自变量间也不存在多重共线性问题。

表 3-8 (a)　　　方差膨胀因子（供应商集中度下 Supplier）

变量	Lev	Size	Re	Roa	Fcost	cflowsp	Fa
VIF	2.15	1.70	1.52	1.49	1.28	1.25	1.22
变量	Grow	Supplier	Mean	—	—	—	—
VIF	1.19	1.06	1.43	—	—	—	—

资料来源：根据国泰安数据库公布的我国上市公司财务数据并通过 Stata 软件处理得出。

表 3-8 (b)　　　方差膨胀因子（客户集中度下 Customer）

变量	Lev	Size	Re	Roa	Fcost	cflowsp	Fa
VIF	2.20	1.69	1.65	1.45	1.29	1.26	1.23
变量	Grow	Customer	Mean	—	—	—	—
VIF	1.20	1.07	1.45	—	—	—	—

资料来源：根据国泰安数据库公布的我国上市公司财务数据并通过 Stata 软件处理得出。

3.3.4　回归结果分析

1. 供应链集中度与营运资金偏离程度的回归结果分析

表 3-9 给出了供应链集中度与营运资金偏离程度的回归结果，当解释变量为供应商集中度时，以 Supplier 和 Sup_h 为供应商集中度代理变量的回归系数分别为 0.027 和 0.047，符号为正且分别在 1% 和 5% 的水平上显著。当解释变量为客户集中度时，以 Customer 和 Cus_h 为客户集中度代理变量的回归系数分别为 0.021 和 0.049，符号为正且均在 1% 的水平上显著。

上述结果表明，我国上市公司实际营运资金需求偏离目标值的程度显著受供应链集中度的影响，无论是供应商集中度还是客户集中度均与营运资金偏离程度存在显著的正相关关系，由此，本书假设 3 - 1 和假设 3 - 2 的推断是可靠的。

表 3 - 9 　　　　　　　供应链集中度与营运资金偏离程度的回归结果

变量	被解释变量为营运资金偏离程度（Dev）			
	解释变量为供应商集中度		解释变量为客户集中度	
	Supplier	Sup_h	Customer	Cus_h
SCC	0.027 *** (2.83)	0.047 ** (2.13)	0.021 *** (2.90)	0.049 *** (3.15)
Size	- 0.010 *** (- 4.36)	- 0.010 *** (- 4.57)	- 0.011 *** (- 6.49)	- 0.011 *** (- 6.74)
Grow	- 0.000 (- 0.01)	- 0.001 (- 0.10)	0.000 (0.01)	0.0003 (0.06)
Cflow	0.053 * (1.94)	0.057 ** (2.10)	0.059 *** (2.82)	0.059 *** (2.78)
Lev	0.062 *** (4.38)	0.062 *** (4.36)	0.066 *** (6.20)	0.066 *** (6.29)
Fa	- 0.128 *** (- 8.57)	- 0.129 *** (- 8.69)	- 0.118 *** (- 10.06)	- 0.120 *** (- 10.14)
Roa	0.018 (0.42)	0.018 (0.42)	0.060 * (1.68)	0.060 * (1.70)
Re	- 0.025 *** (- 2.79)	- 0.026 *** (- 2.89)	- 0.031 *** (- 4.18)	- 0.030 *** (- 4.10)
Fcost	0.024 ** (2.27)	0.026 ** (2.42)	0.028 *** (3.92)	0.027 *** (3.83)
年度	控制	控制	控制	控制
行业	控制	控制	控制	控制
常数项	0.313 *** (4.93)	0.328 *** (5.21)	0.380 *** (8.41)	0.390 *** (8.64)
观测值	4304	4318	8310	8317
Adj. R-squ	0.154	0.153	0.141	0.141

注：* 表示 $p < 0.1$，** 表示 $p < 0.05$，*** 表示 $p < 0.01$。
资料来源：根据国泰安数据库公布的我国上市公司财务数据并通过 Stata 软件处理得出。

2. 供应链集中度与营运资金调整速度的回归结果分析

表 3 – 10 给出了供应链集中度与营运资金调整速度的回归结果，当解释变量为供应商集中度时，供应商集中度代理变量 Supplier 和 Sup_h 与滞后一期营运资金需求的交互项 $Wcr_{t-1} \times SCC$ 回归系数分别为 – 0.077 和 – 0.119，符号为负且均在 10% 的水平上显著。当解释变量为客户集中度时，客户集中度代理变量 Customer 和 Cus_h 与滞后一期营运资金需求 Wcr_{t-1} 的交互项 $Wcr_{t-1} \times SCC$ 回归系数分别为 – 0.102 和 – 0.098，符号为负且在 1% 的水平上显著。

上述结果表明，无论是供应商集中度还是客户集中度均与营运资金调整速度存在着显著的正相关关系，供应链集中度越高，营运资金的调整速度越快。由此，假设 3 – 3 和假设 3 – 4 的推断是可靠的。

表 3 – 10　　　　供应链集中度与营运资金调整速度的回归结果

变量	被解释变量为营运资金需求（Wcr）			
	解释变量为供应商集中度		解释变量为客户集中度	
	Supplier	Sup_h	Customer	Cus_h
Wcr_{t-1}	0.820 *** (41.16)	0.799 *** (56.50)	0.825 *** (56.15)	0.799 *** (75.82)
SCC	0.011 (1.11)	0.013 (0.67)	0.015 ** (2.26)	0.007 (0.69)
$Wcr_{t-1} \times SCC$	– 0.077 * (– 1.95)	– 0.119 * (– 1.76)	– 0.102 *** (– 2.92)	– 0.098 *** (– 1.97)
Size	0.005 *** (3.60)	0.005 *** (3.49)	0.006 *** (5.21)	0.006 *** (5.07)
Grow	– 0.046 *** (– 6.63)	– 0.046 *** (– 6.65)	– 0.048 *** (– 8.30)	– 0.048 *** (– 8.35)
Cflow	– 0.564 *** (– 28.66)	– 0.571 *** (– 29.30)	– 0.565 *** (– 35.79)	– 0.566 *** (– 35.79)
Lev	– 0.085 *** (– 7.06)	– 0.083 *** (– 6.87)	– 0.086 *** (– 9.80)	– 0.085 *** (– 9.79)

| 变量 | 被解释变量为营运资金需求（Wcr） | | | |
| | 解释变量为供应商集中度 | | 解释变量为客户集中度 | |
	Supplier	Sup_h	Customer	Cus_h
Fa	−0.018 （−1.49）	−0.017 （−1.46）	−0.012 （−1.37）	−0.013 （−1.47）
Roa	0.462 *** （12.86）	0.470 *** （13.12）	0.477 *** （16.91）	0.482 *** （17.08）
Re	0.012 （1.43）	0.012 （1.35）	0.017 *** （3.43）	0.015 *** （3.16）
Fcost	0.026 *** （3.10）	0.025 *** （3.04）	0.017 *** （3.22）	0.017 *** （3.18）
年度	控制	控制	控制	控制
行业	控制	控制	控制	控制
常数项	−0.109 （−1.40）	−0.100 （−1.29）	−0.120 ** （−2.03）	−0.110 * （−1.84）
观测值	4304	4318	8310	8317
Adj. R-squ	0.846	0.845	0.843	0.842

注：* 表示 $p < 0.1$，** 表示 $p < 0.05$，*** 表示 $p < 0.01$。
资料来源：根据国泰安数据库公布的我国上市公司财务数据并通过 Stata 软件处理得出。

此外，为了综合考察供应链集中度对营运资金调整速度的影响效果，本书进行了分组测试。首先，以年度行业供应商集中度的中位数为界限，把供应商集中度样本分为高供应商集中度组（Dsupplier = 1）和低供应商集中度组（Dsupplier = 0）；以年度行业客户集中度的中位数为界限，把客户集中度样本分为高客户集中度组（Dcustomer = 1）和低客户集中度组（Dcustomer = 0）；然后根据供应链上下游集中度情况，把供应链的整体集中度分为上游高集中度且下游高集中度（Dsupplier = 1，Dcustomer = 1）、上游高集中度但下游低集中度（Dsupplier = 1，Dcustomer = 0）、上游低集中度但下游高集中度（Dsupplier = 0，Dcustomer = 1）和上游低集中度且下游低集中度（Dsupplier = 0，Dcustomer = 0）四种类型（见表 3 – 11），根据回归结果计算每种情况下营运资金调整的速度。由表 3 – 11 的回归结果可知，以上四组样本的营运资金调整速度值分别为 0.351（1－0.649）、0.230（1－0.770）、0.225（1－0.775）和 0.213（1－0.787），该结果进一步说明高供应链集中度下营运资金的调整速度明显加快。

表 3－11　　　　　　　　供应商集中度与客户集中度交叉分组下
营运资金调整速度的检验

变量	全样本	Dsupplier = 1 Dcustomer = 1	Dsupplier = 1 Dcustomer = 0	Dsupplier = 0 Dcustomer = 1	Dsupplier = 0 Dcustomer = 0
Wcr_{t-1}	0.728 *** (50.45)	0.649 *** (22.19)	0.770 *** (36.91)	0.775 *** (27.50)	0.787 *** (37.87)
Size	0.005 *** (4.61)	0.007 ** (2.50)	0.005 ** (2.25)	0.009 *** (3.36)	0.001 (0.84)
Grow	－0.042 *** （－8.33）	－0.046 *** （－4.65）	－0.054 *** （－5.74）	－0.050 *** （－4.83）	－0.026 *** （－3.21）
Cflow	－0.546 *** （－30.23）	－0.520 *** （－14.84）	－0.602 *** （－18.17）	－0.537 *** （－12.80）	－0.536 *** （－18.24）
Lev	－0.098 *** （－9.60）	－0.125 *** （－6.45）	－0.086 *** （－5.70）	－0.116 *** （－5.46）	－0.053 *** （－3.39）
Fa	－0.027 ** （－2.49）	－0.061 *** （－2.66）	0.004 (0.27)	－0.032 （－1.32）	－0.015 （－0.85）
Roa	0.426 *** (11.22)	0.365 *** (5.55)	0.538 *** (8.50)	0.532 *** (9.83)	0.373 *** (5.89)
Re	0.038 *** (3.82)	0.044 *** (3.30)	0.006 (0.33)	0.014 (0.79)	0.070 *** (3.51)
Fcost	0.038 *** (4.90)	0.048 *** (3.05)	0.036 *** (3.17)	0.035 * (1.94)	0.006 (0.57)
年度	控制	控制	控制	控制	控制
行业	控制	控制	控制	控制	控制
常数项	－0.048 * （－1.90）	－0.053 （－0.97）	－0.041 （－0.93）	－0.110 * （－1.79）	0.0196 (0.58)
观测值	8237	2317	1613	1586	2721
Adj. R-squ	0.794	0.753	0.854	0.783	0.841

注：* 表示 p<0.1，** 表示 p<0.05，*** 表示 p<0.01。
资料来源：根据国泰安数据库公布的我国上市公司财务数据并通过 Stata 软件处理得出。

3. 供应链集中度下营运资金不同方向上调整速度的检验结果

为考察供应链集中度下营运资金不同方向上调整速度的差异，把公司样本分为向上调整组（Fx = 0，当上期营运资金需求值小于目标值时）和向下调整组（Fx = 1，当上期营运资金需求值大于目标值时），然后考察两组的调整速度。表 3 - 12、表 3 - 13、表 3 - 14、表 3 - 15 分别给出了供应商集中度下、客户集中度下及供应链整体集中度下营运资金在不同调整方向上调整速度的回归结果。

表 3 - 12　　供应商集中度下营运资金不同方向上调整速度的检验结果

变量	向上调整			向下调整		
	全样本	高集中度	低集中度	全样本	高集中度	低集中度
Wcr_{t-1}	0.754 *** (30.69)	0.712 *** (20.64)	0.801 *** (25.49)	0.634 *** (21.88)	0.619 *** (15.35)	0.650 *** (18.20)
Supplier	0.017 ** (2.30)	− 0.006 (− 0.52)	0.036 *** (2.75)	− 0.008 (− 1.16)	− 0.009 (− 0.75)	− 0.020 (− 1.54)
Size	0.005 *** (3.09)	0.006 ** (2.21)	0.005 *** (2.93)	0.005 *** (3.17)	0.006 ** (2.36)	0.004 ** (2.06)
Grow	− 0.021 ** (− 2.38)	− 0.028 ** (− 2.06)	− 0.014 (− 1.42)	− 0.059 *** (− 10.73)	− 0.065 *** (− 8.02)	− 0.054 *** (− 7.17)
Cflow	− 0.540 *** (− 17.92)	− 0.557 *** (− 12.53)	− 0.504 *** (− 13.84)	− 0.583 *** (− 25.87)	− 0.580 *** (− 17.77)	− 0.593 *** (− 18.50)
Lev	− 0.092 *** (− 6.95)	− 0.103 *** (− 4.87)	− 0.084 *** (− 5.08)	− 0.106 *** (− 7.13)	− 0.121 *** (− 5.50)	− 0.087 *** (− 4.97)
Fa	− 0.029 ** (− 2.24)	− 0.031 * (− 1.76)	− 0.036 * (− 1.78)	− 0.070 *** (− 3.95)	− 0.084 *** (− 3.26)	− 0.059 *** (− 2.70)
Roa	0.510 *** (12.07)	0.513 *** (8.75)	0.495 *** (8.81)	0.342 *** (6.61)	0.274 *** (3.68)	0.433 *** (7.60)
Re	0.005 (0.57)	0.012 (0.94)	− 0.011 (− 0.60)	0.071 *** (4.20)	0.077 *** (3.68)	0.056 *** (2.75)
Fcost	0.044 *** (4.07)	0.046 *** (2.86)	0.031 ** (2.25)	0.048 *** (4.56)	0.063 *** (4.05)	0.026 ** (2.14)

续表

变量	向上调整			向下调整		
	全样本	高集中度	低集中度	全样本	高集中度	低集中度
年度	控制	控制	控制	控制	控制	控制
行业	控制	控制	控制	控制	控制	控制
常数项	-0.040 (-1.18)	-0.052 (-0.95)	-0.045 (-0.98)	0.009 (0.24)	-9.06e-05 (-0.00)	0.024 (0.54)
观测值	4004	1895	2109	4603	2216	2387
Adj. R-squ	0.804	0.785	0.835	0.765	0.755	0.787

注：＊表示 p<0.1，＊＊表示 p<0.05，＊＊＊表示 p<0.01。
资料来源：根据国泰安数据库公布的我国上市公司财务数据并通过 Stata 软件处理得出。

由表 3-12 可以看出，供应商集中度全样本下向上调整速度为 0.246（1-0.754），向下调整速度为 0.366（1-0.634），向下调整速度比向上调整速度快 0.120（0.366-0.246）；在营运资金向上调整的情况下，高供应商集中度组调整速度为 0.288（1-0.712），低供应商集中度组调整速度为 0.199（1-0.801），高供应商集中度比低供应商集中度快 0.089（0.288-0.199）；营运资金向下调整的情况下，高供应商集中度组调整速度为 0.381（1-0.619），低供应商集中度组调整速度为 0.350（1-0.650），高供应商集中度比低供应商集中度快 0.031（0.381-0.350）。由表 3-15 可以看出，当解释变量为供应商集中度（Supplier）时，模型 M1 中营运资金需求滞后期一期值（Wcr_{t-1}）与向下调整变量（Fx）的交互项 $Wcr_{t-1} \times Fx$ 的系数为 -0.049，系数为负，且在 5% 的水平上显著，说明在供应商集中度下，营运资金向下调整的速度快于向上调整的速度，而加入交互项 $Wcr_{t-1} \times Fx \times SCC$ 之后，如模型 M2 所示，$Wcr_{t-1} \times Fx \times SCC$ 系数为 -0.140（-0.140 的绝对值大于 -0.049 的绝对值），系数为负且在 1% 的水平上显著。以上表明随着供应商集中度的提高，营运资金向下调整的速度快于向上调整的速度。

表 3 – 13　　客户集中度下营运资金不同方向上调整速度的检验结果

变量	向上调整			向下调整		
	全样本	高集中度	低集中度	全样本	高集中度	低集中度
Wcr_{t-1}	0.738 *** (35.66)	0.699 *** (23.94)	0.757 *** (25.06)	0.647 *** (29.70)	0.615 *** (18.79)	0.683 *** (27.67)
Customer	0.013 ** (2.41)	0.003 (0.34)	0.033 ** (2.02)	0.001 (0.14)	0.002 (0.16)	− 0.018 (−1.29)
Size	0.005 *** (4.65)	0.008 *** (4.69)	0.003 ** (2.06)	0.006 *** (4.52)	0.007 *** (3.32)	0.004 *** (3.13)
Grow	− 0.013 ** (−1.98)	− 0.008 (−0.87)	− 0.022 *** (−2.75)	− 0.059 *** (−12.36)	− 0.064 *** (−9.45)	− 0.051 *** (−7.87)
Cflow	− 0.575 *** (−25.33)	− 0.558 *** (−17.16)	− 0.586 *** (−20.71)	− 0.577 *** (−33.61)	− 0.554 *** (−21.24)	− 0.603 *** (−28.18)
Lev	− 0.094 *** (−9.49)	− 0.115 *** (−8.29)	− 0.082 *** (−6.27)	− 0.104 *** (−9.60)	− 0.124 *** (−7.41)	− 0.078 *** (−6.43)
Fa	− 0.021 ** (−1.96)	− 0.026 * (−1.72)	− 0.015 (−1.05)	− 0.064 *** (−5.05)	− 0.093 *** (−4.52)	− 0.034 *** (−2.63)
Roa	0.501 *** (16.68)	0.473 *** (10.65)	0.537 *** (11.64)	0.335 *** (8.47)	0.278 *** (5.38)	0.410 *** (7.74)
Re	0.014 * (1.91)	0.012 (1.34)	0.012 (0.88)	0.068 *** (6.87)	0.070 *** (5.51)	0.072 *** (6.14)
Fcost	0.029 *** (3.86)	0.030 *** (2.73)	0.031 *** (3.18)	0.041 *** (5.71)	0.053 *** (4.91)	0.026 *** (2.82)
年度	控制	控制	控制	控制	控制	控制
行业	控制	控制	控制	控制	控制	控制
常数项	− 0.046 * (−1.87)	− 0.113 *** (−2.92)	0.020 (0.73)	− 0.037 (−1.30)	− 0.023 (−0.50)	− 0.032 (−1.09)
观测值	7708	3713	3995	8266	3970	4296
Adj. R-squ	0.792	0.767	0.830	0.762	0.731	0.806

注：* 表示 $p<0.1$，** 表示 $p<0.05$，*** 表示 $p<0.01$。
资料来源：根据国泰安数据库公布的我国上市公司财务数据并通过 Stata 软件处理得出。

由表 3 - 13 可以看出，客户集中度全样本下向上调整速度为 0. 362 （1 -
0. 738），向下调整速度为 0. 353 （1 - 0. 647），向下调整速度比向上调整速度
快 0. 009 （0. 362 - 0. 353）；在营运资金向上调整的情况下，高客户集中度组
调整速度为 0. 301 （1 - 0. 699），低客户集中度组调整速度为 0. 243 （1 -
0. 757），高客户集中度比低客户集中度快 0. 058 （0. 301 - 0. 243）；营运资金
向下调整的情况下，高客户集中度组调整速度为 0. 385 （1 - 0. 615），低客户
集中度组调整速度为 0. 317 （1 - 0. 683），高客户集中度比低客户集中度快
0. 068 （0. 385 - 0. 317）。由表 3 - 15 可以看出，当解释变量为客户集中度
（Customer） 时，模型 M3 中营运资金需求滞后期一期值 （Wcr_{t-1}） 与向下调
整变量 （Fx） 的交互项 $Wcr_{t-1} \times Fx$ 的系数为 - 0. 025，系数为负，说明在客
户集中度下，营运资金下调整的速度快于向上调整的速度，而加入交互项
$Wcr_{t-1} \times Fx \times SCC$ 之后，如模型 M4 所示，$Wcr_{t-1} \times Fx \times SCC$ 系数为 - 0. 126
（- 0. 126 的绝对值大于 - 0. 025 的绝对值），系数为负且在 1% 的水平上显
著，表明随着客户集中度的提高，营运资金向下调整的速度快于向上调整的
速度。

表 3 - 14　　　　　　　供应链整体集中度下营运资金不同方向
上调整速度的检验结果

变量	向上调整			向下调整		
	全样本	高集中度	低集中度	全样本	高集中度	低集中度
Wcr_{t-1}	0. 749 ***	0. 713 ***	0. 785 ***	0. 626 ***	0. 570 ***	0. 692 ***
	(29. 51)	(20. 02)	(22. 27)	(20. 13)	(12. 29)	(20. 73)
SCC	0. 029 ***	0. 009	0. 077 ***	- 0. 009	- 0. 013	- 0. 008
	(2. 94)	(0. 50)	(3. 23)	（- 0. 91）	（- 0. 77）	（- 0. 39）
Size	0. 005 ***	0. 007 ***	0. 005 **	0. 005 ***	0. 006 **	0. 004 *
	(3. 24)	(2. 70)	(2. 56)	(2. 68)	(2. 17)	(1. 72)
Grow	- 0. 021 **	- 0. 026 **	- 0. 017 *	- 0. 061 ***	- 0. 077 ***	- 0. 046 ***
	（- 2. 38）	（- 2. 04）	（- 1. 67）	（- 10. 78）	（- 8. 70）	（- 6. 38）
Cflow	- 0. 534 ***	- 0. 539 ***	- 0. 519 ***	- 0. 577 ***	- 0. 590 ***	- 0. 568 ***
	（- 17. 25）	（- 12. 13）	（- 13. 19）	（- 24. 53）	（- 15. 93）	（- 21. 03）

续表

变量	向上调整			向下调整		
	全样本	高集中度	低集中度	全样本	高集中度	低集中度
Lev	−0.095 *** (−7.16)	−0.112 *** (−5.61)	−0.085 *** (−4.90)	−0.107 *** (−6.75)	−0.131 *** (−5.45)	−0.074 *** (−4.35)
Fa	−0.028 ** (−2.10)	−0.042 ** (−2.28)	−0.017 (−0.83)	−0.073 *** (−3.78)	−0.110 *** (−3.54)	−0.035 * (−1.76)
Roa	0.500 *** (11.84)	0.529 *** (9.00)	0.450 *** (7.63)	0.362 *** (6.83)	0.315 *** (4.23)	0.428 *** (6.70)
Re	0.008 (0.81)	0.008 (0.65)	0.007 (0.37)	0.070 *** (4.06)	0.070 *** (3.43)	0.071 *** (3.02)
Fcost	0.050 *** (4.11)	0.068 *** (3.50)	0.021 (1.55)	0.047 *** (4.33)	0.072 *** (4.45)	0.016 (1.46)
年度	控制	控制	控制	控制	控制	控制
行业	控制	控制	控制	控制	控制	控制
常数项	−0.040 (−1.23)	−0.068 (−1.25)	−0.046 (−1.21)	0.016 (0.38)	0.012 (0.17)	−6.33e −05 (−0.00)
观测值	3815	1797	2012	4422	2087	2341
Adj. R-squ	0.784	0.766	0.820	0.755	0.725	0.801

注: * 表示 $p < 0.1$, ** 表示 $p < 0.05$, *** 表示 $p < 0.01$。
资料来源: 根据国泰安数据库公布的我国上市公司财务数据并通过 Stata 软件处理得出。

表 3−15　　　供应链集中度对营运资金不同调整方向上
调整速度的影响的回归结果

变量	被解释变量为营运资金需求（Wcr）					
	解释变量为 Supplier		解释变量为 Customer		解释变量为 SC	
	M1	M2	M3	M4	M5	M6
Wcr_{t-1}	0.698 *** (29.29)	0.701 *** (30.08)	0.691 *** (34.44)	0.694 *** (34.92)	0.683 *** (25.99)	0.687 *** (26.94)
SCC_{t-1}	0.010 * (1.69)	0.028 *** (3.60)	0.010 ** (2.29)	0.025 *** (4.58)	0.018 ** (2.30)	0.047 *** (4.36)
Fx	0.033 *** (5.84)	0.030 *** (5.47)	0.028 *** (7.17)	0.027 *** (6.94)	0.033 *** (5.55)	0.030 *** (5.15)

续表

变量	被解释变量为营运资金需求（Wcr）					
	解释变量为 Supplier		解释变量为 Customer		解释变量为 SC	
	M1	M2	M3	M4	M5	M6
$Wcr_{t-1} \times Fx$	−0.049 ** (−2.34)	0.012 (0.41)	−0.025 (−1.70)	0.015 (0.79)	−0.042 * (−1.80)	0.040 (1.21)
$Wcr_{t-1} \times Fx \times$ SCC	—	−0.140 *** (−3.05)	—	−0.126 *** (−3.28)	—	−0.222 *** (−3.51)
Size	0.005 *** (4.52)	0.006 *** (4.62)	0.006 *** (6.34)	0.006 *** (6.14)	0.005 *** (4.29)	0.005 *** (4.22)
Grow	−0.046 *** (−8.98)	−0.045 *** (−8.97)	−0.041 *** (−9.67)	−0.041 *** (−9.65)	−0.047 *** (−9.10)	−0.047 *** (−9.03)
Cflow	−0.599 *** (−33.85)	−0.594 *** (−33.56)	−0.603 *** (−43.40)	−0.600 *** (−43.28)	−0.594 *** (−32.56)	−0.587 *** (−32.38)
Lev	−0.010 *** (−9.44)	−0.099 *** (−9.43)	−0.099 *** (−12.53)	−0.098 *** (−12.48)	−0.102 *** (−9.30)	−0.101 *** (−9.31)
Fa	−0.055 *** (−4.11)	−0.054 *** (−4.03)	−0.044 *** (−4.75)	−0.043 *** (−4.65)	−0.055 *** (−3.92)	−0.053 *** (−3.83)
Roa	0.438 *** (11.49)	0.435 *** (11.45)	0.422 *** (15.88)	0.419 *** (15.69)	0.444 *** (11.38)	0.437 *** (11.17)
Re	0.049 *** (5.02)	0.049 *** (5.05)	0.048 *** (7.47)	0.049 *** (7.54)	0.051 *** (5.16)	0.052 *** (5.24)
Fcost	0.047 *** (5.43)	0.046 *** (5.39)	0.037 *** (6.52)	0.036 *** (6.44)	0.048 *** (5.28)	0.046 *** (5.22)
年度	控制	控制	控制	控制	控制	控制
行业	控制	控制	控制	控制	控制	控制
常数项	−0.039 (−1.53)	−0.052 ** (−2.03)	−0.069 *** (−3.42)	−0.072 *** (−3.56)	−0.041 (−1.50)	−0.053 * (−1.95)
观测值	7200	7200	14476	14476	6840	6840
Adj. R-squ	0.818	0.819	0.807	0.808	0.803	0.804

注：* 表示 $p < 0.1$，** 表示 $p < 0.05$，*** 表示 $p < 0.01$。

资料来源：根据国泰安数据库公布的我国上市公司财务数据并通过 Stata 软件处理得出。

由表 3 – 14 可以看出，供应链整体集中度全样本下向上调整速度为 0.251（1 – 0.749），向下调整速度为 0.374（1 – 0.626），向下调整速度比向上调整速度快 0.123（0.374 – 0.251）；在营运资金向上调整的情况下，高供应链整体集中度组调整速度为 0.287（1 – 0.713），低供应链整体集中度组调整速度为 0.215（1 – 0.785），高供应链整体集中度比低供应链整体集中度快 0.072（0.287 – 0.215）；营运资金向下调整的情况下，高供应链整体集中度组调整速度为 0.430（1 – 0.570），低供应链整体集中度组调整速度为 0.308（1 – 0.692），高供应链整体集中度比低供应链整体集中度快 0.122（0.430 – 0.308）。由表 3 – 15 可以看出，当解释变量为供应链整体集中度（SC）时，模型 M5 中营运资金需求滞后期一期值（Wcr_{t-1}）与向下调整变量（Fx）的交互项 $Wcr_{t-1} \times Fx$ 的系数为 – 0.042，系数为负且在 10% 的水平上显著，说明在供应链整体集中度下，营运资金下调整的速度快于向上调整的速度，而加入交互项 $Wcr_{t-1} \times Fx \times SCC$ 之后，如模型 M6 所示，$Wcr_{t-1} \times Fx \times SCC$ 的系数为 – 0.222（– 0.222 的绝对值大于 – 0.042 的绝对值），系数为负且在 1% 的水平上显著，表明随着供应链整体集中度的提高，营运资金向下调整的速度快于向上调整的速度。

上述结果表明，供应链集中度越高，营运资金调整速度越快，且营运资金向下调整的速度快于向上调整的速度。因此，假设 3 – 5 和假设 3 – 6 的推断是可靠的。

3.4 内生性检验

3.4.1 解释变量选择滞后一期值的内生性检验

供应链集中度与营运资金需求之间可能存在内生性，为此以滞后一期的供应链集中度作为解释变量进一步检验供应链集中度与营运资金需求的偏离程度及调整速度之间的关系。

1. 供应链集中度与营运资金偏离程度的回归结果分析

表 3 - 16 给出了供应链集中度与营运资金偏离程度的回归结果，当解释变量为供应商集中度时，以 $Supplier_{t-1}$ 和 Sup_h_{t-1} 为供应商集中度代理变量的回归系数分别为 0.032 和 0.073，符号为正且均在 1% 的水平上显著。当解释变量为客户集中度时，以 $Customer_{t-1}$ 和 Cus_h_{t-1} 为客户集中度代理变量的回归系数分别为 0.019 和 0.044，符号为正且均在 1% 的水平上显著。

上述结果表明，我国上市公司实际营运资金需求偏离目标值的程度显著地受供应链集中度的影响，无论是供应商集中度还是客户集中度均与营运资金偏离程度存在着显著的正相关关系，由此，本书提出的假设 3 - 3 和假设 3 - 4 的推断是可靠的。

表 3 - 16　　　　供应链集中度与营运资金偏离程度的回归结果

变量	被解释变量为营运资金偏离程度（Dev）			
	解释变量为供应商集中度		解释变量为客户集中度	
	Supplier	Sup_h	Customer	Cus_h
SCC_{t-1}	0.032 *** (3.30)	0.073 *** (3.14)	0.019 *** (2.69)	0.044 *** (2.91)
Size	-0.009 *** (-4.17)	-0.010 *** (-4.31)	-0.010 *** (-6.52)	-0.011 *** (-6.73)
Grow	0.003 (0.55)	0.002 (0.38)	0.001 (0.14)	0.001 (0.27)
Cflow	0.049 * (1.82)	0.053 ** (1.98)	0.057 *** (2.75)	0.054 ** (2.51)
Lev	0.060 *** (4.22)	0.060 *** (4.20)	0.070 *** (6.69)	0.065 *** (6.23)
Fa	-0.124 *** (-8.34)	-0.126 *** (-8.45)	-0.119 *** (-10.20)	-0.117 *** (-9.89)
Roa	0.021 (0.48)	0.021 (0.48)	0.069 ** (2.01)	0.063 * (1.78)
Re	-0.025 *** (-2.72)	-0.025 *** (-2.77)	0.031 *** (-4.59)	-0.030 *** (-4.03)

续表

变量	被解释变量为营运资金偏离程度（Dev）			
	解释变量为供应商集中度		解释变量为客户集中度	
	Supplier	Sup_h	Customer	Cus_h
Fcost	0.019 * (1.78)	0.021 * (1.91)	0.026 *** (3.69)	0.026 *** (3.62)
年度	控制	控制	控制	控制
行业	控制	控制	控制	控制
常数项	0.301 *** (4.81)	0.309 *** (5.33)	0.369 *** (6.88)	0.376 *** (7.52)
观测值	4304	4318	8310	8317
Adj. R-squ	0.150	0.150	0.136	0.136

注：* 表示 $p < 0.1$，** 表示 $p < 0.05$，*** 表示 $p < 0.01$。
资料来源：根据国泰安数据库公布的我国上市公司财务数据并通过 Stata 软件处理得出。

2. 供应链集中度与营运资金调整速度的回归结果分析

表 3 – 17 给出了供应链集中度与营运资金调整速度的回归结果，当解释变量为供应商集中度时，供应商集中度代理变量 $Supplier_{t-1}$ 和 Sup_h_{t-1} 与滞后一期营运资金需求的交互项 $Wcr_{t-1} \times SCC_{t-1}$ 回归系数分别为 – 0.143 和 – 0.309，符号为负且均在 1% 的水平上显著。当解释变量为客户集中度时，客户集中度代理变量 $Customer_{t-1}$ 和 Cus_h_{t-1} 与滞后一期营运资金需求 Wcr_{t-1} 的交互项 $Wcr_{t-1} \times SCC_{t-1}$ 回归系数分别为 – 0.140 和 – 0.255，符号为负且均在 1% 的水平上显著。

表 3 – 17　　　　供应链集中度与营运资金调整速度的回归结果

变量	被解释变量为营运资金需求（Wcr）			
	解释变量为供应商集中度		解释变量为客户集中度	
	Supplier	Sup_h	Customer	Cus_h
Wcr_{t-1}	0.848 *** (44.24)	0.816 *** (60.85)	0.837 *** (56.57)	0.809 *** (76.53)

续表

变量	被解释变量为营运资金需求（Wcr）			
	解释变量为供应商集中度		解释变量为客户集中度	
	Supplier	Sup_h	Customer	Cus_h
SCC_{t-1}	0.024 ** (2.30)	0.047 ** (2.03)	0.018 *** (2.68)	0.023 * (1.70)
$Wcr_{t-1} \times SCC_{t-1}$	− 0.143 *** (− 3.07)	− 0.309 *** (− 3.11)	− 0.140 *** (− 3.59)	− 0.255 *** (− 2.67)
Size	0.006 *** (3.73)	0.005 *** (3.68)	0.006 *** (5.17)	0.005 *** (5.04)
Grow	− 0.047 *** (− 6.63)	− 0.046 *** (− 6.59)	− 0.048 *** (− 8.32)	− 0.048 *** (− 8.36)
Cflow	− 0.564 *** (− 28.87)	− 0.571 *** (− 29.50)	− 0.563 *** (− 35.75)	− 0.567 *** (− 35.96)
Lev	− 0.085 *** (− 7.10)	− 0.082 *** (− 6.90)	− 0.085 *** (− 9.77)	− 0.084 *** (− 9.70)
Fa	− 0.017 (− 1.43)	− 0.017 (− 1.43)	− 0.013 (− 1.51)	− 0.014 (− 1.55)
Roa	0.458 *** (12.69)	0.464 *** (12.92)	0.478 *** (17.00)	0.479 *** (16.85)
Re	0.014 * (1.64)	0.013 (1.58)	0.016 *** (3.15)	0.017 *** (3.48)
Fcost	0.026 *** (3.10)	0.025 *** (3.01)	0.017 *** (4.87)	0.017 *** (3.18)
年度	控制	控制	控制	控制
行业	控制	控制	控制	控制
常数项	− 0.115 (− 1.56)	− 0.100 (− 1.50)	− 0.118 ** (− 2.03)	− 0.109 * (− 1.83)
观测值	4304	4318	8310	8317
Adj. R-squ	0.847	0.847	0.843	0.843

注：* 表示 p < 0.1，** 表示 p < 0.05，*** 表示 p < 0.01。
资料来源：根据国泰安数据库公布的我国上市公司财务数据并通过 Stata 软件处理得出。

上述结果表明，无论是供应商集中度还是客户集中度均与营运资金调整速度存在着显著的正相关关系，供应链集中度越高，营运资金的调整速度越快。由此，本书提出的假设 3 - 3 和假设 3 - 4 的推断是可靠的。

3.4.2 采用工具变量法的内生性检验

具有某类特征的上市公司可能拥有较高的客户集中度，而具有该类特征的公司本身可能有较高的营运资金偏离程度和较快的调整速度。为了解决这种可能的自选择问题，本书采用 Heckman 两阶段的自选择模型进行检验。借鉴达利瓦等（Dhaliwal et al.，2016）的做法，以行业平均的供应链集中度滞后一期作为外生变量，即 SCCI_ind。滞后一期的行业平均供应链集中度与公司的供应链集中度相关，因为同行业公司之间的生产经营活动和产品特性具有类似性，同时又与公司的营运资金需求不相关，所以符合外生变量的要求。第一阶段以供应链行业均值（SCCI_ind）为解释变量，以企业本身的供应链集中度为被解释变量进行回归，回归结果如表 3 - 18（a）所示。当被解释变量分别为 Supplier 和 Customer 时，相应 SCC_ind 的回归系数均在 1% 的水平上显著。3 - 18（b）给出了第二阶段供应链集中度对营运资金偏离程度的回归结果，供应商集中度及客户集中度两种情况下 SCC_ind$_{t-1}$ 系数分别在 10% 和 5% 的水平上显著为正，表明在控制了自选择问题后，结论仍然稳健地支持供应链集中度越高，营运资金偏离程度越大的假说。3 - 18（c）给出了第二阶段供应链集中度对营运资金调整速度的回归结果，供应商集中度和客户集中度两种情况下交互项 Wcr$_{t-1}$ × SCC_ind$_{t-1}$ 系数均在 1% 的水平上显著为负，表明在控制了自选择问题后，结论仍然稳健地支持供应链集中度越高，营运资金调整速度越快的假说。

表 3 - 18（a） 供应链集中度的行业均值作为代理变量的
第一阶段回归结果

变量	被解释变量为 Supplier	被解释变量为 Customer
SCC_ind	0.957 *** (16.55)	0.920 *** (21.73)

续表

变量	被解释变量为 Supplier	被解释变量为 Customer
Size	−0.040 *** (−13.19)	−0.043 *** (−15.38)
Grow	−0.002 (−0.41)	0.012 *** (3.01)
Cflow	−0.036 (−1.40)	−0.068 *** (−3.00)
Lev	−0.044 ** (−2.12)	−0.013 (−0.71)
Fa	−0.004 (−0.15)	0.002 (0.06)
Roa	0.132 *** (2.62)	0.163 *** (3.71)
Re	−0.077 *** (−5.22)	−0.078 *** (−6.14)
Fcost	−0.006 (−0.32)	0.009 (0.59)
年度	控制	控制
行业	控制	控制
常数项	0.972 *** (14.53)	1.041 *** (15.56)
观测值	6663	11690
Adj. R-squ	0.234	0.275

注：** 表示 $p < 0.05$，*** 表示 $p < 0.01$。

资料来源：根据国泰安数据库公布的我国上市公司财务数据并通过 Stata 软件处理得出。

表 3 – 18 （b）　　供应链集中度的行业均值作为代理变量的第二阶段的回归结果（对偏离程度影响）

变量	供应商集中度下	客户集中度下
SCC_ind_{t-1}	0.052 * (1.86)	0.073 ** (2.34)

续表

变量	供应商集中度下	客户集中度下
Size	−0.010*** (−3.87)	−0.008*** (−4.09)
Grow	0.003 (0.58)	0.002 (0.32)
Cflow	0.052* (1.90)	0.058*** (2.71)
Lev	0.057*** (3.92)	0.065*** (6.13)
Fa	−0.125*** (−8.33)	−0.116*** (−9.73)
Roa	0.019 (0.44)	0.054 (1.53)
Re	−0.027*** (−2.99)	−0.026*** (−3.29)
Fcost	0.021* (1.88)	0.026*** (3.54)
年度	控制	控制
行业	控制	控制
常数项	0.260*** (4.50)	0.248*** (4.98)
观测值	4297	8300
Adj. R-squ	0.145	0.134

注：* 表示 $p < 0.1$，** 表示 $p < 0.05$，*** 表示 $p < 0.01$。

资料来源：根据国泰安数据库公布的我国上市公司财务数据并通过 Stata 软件处理得出。

表 3 – 18（c） 供应链集中度的行业均值作为代理变量的

第二阶段的回归结果（对调整速度影响）

变量	供应商集中度下	客户集中度下
Wcr_{t-1}	0.921*** (29.74)	0.916*** (44.09)

续表

变量	供应商集中度下	客户集中度下
SCC_ind_{t-1}	0.037 (1.11)	0.113 *** (3.68)
$Wcr_{t-1} \times SCC\_ind_{t-1}$	-0.324 *** (-3.63)	-0.381 *** (-5.23)
Size	0.005 ** (2.55)	0.009 *** (5.23)
Grow	-0.047 *** (-6.82)	-0.049 *** (-8.59)
Cflow	-0.561 *** (-28.66)	-0.562 *** (-35.84)
Lev	-0.082 *** (-7.10)	-0.087 *** (-10.02)
Fa	-0.018 (-1.49)	-0.009 (-1.04)
Roa	0.446 *** (12.12)	0.450 *** (15.77)
Re	0.017 * (1.87)	0.028 *** (4.37)
Fcost	0.023 *** (2.83)	0.018 *** (3.38)
年度	控制	控制
行业	控制	控制
常数项	-0.043 (-0.82)	-0.142 *** (-3.26)
观测值	4297	8300
Adj. R-squ	0.849	0.846

注：* 表示 p<0.1，** 表示 p<0.05，*** 表示 p<0.01。
资料来源：根据国泰安数据库公布的我国上市公司财务数据并通过 Stata 软件处理得出。

3.5 稳健性检验

为了进一步验证以上结果可靠性，本书进行了以下稳健性测试。

3.5.1 改变供应链集中度的度量方法的稳健性检验

分别用是否存在大供应商和是否存在大客户作为衡量供应链集中度的指标，如果公司存在占采购比例10%以上的供应商则视为高供应商集中度（Sup_d）样本，如果公司存在占销售比例10%以上的大客户则视为高客户集中度（Cus_d）样本。以公司第一供应商采购占比、第一大客户销售占比分别作为衡量供应集中度（Sup1）及客户集中度（Cus1）的指标，考察供应链集中度对营运资金偏离程度及调整速度的影响。回归结果如表3-19及表3-20所示。

表3-19给出了供应链集中度与营运资金需求偏离程度的稳健性回归结果，以Sup_d及Sup1表示的供应商集中度的回归系数分别为0.008和0.044，系数为正且分别在5%和1%的水平上显著；以Cus_d表示的客户集中度的回归系数为0.004，系数为正但显著性较弱；以Cus1表示的客户集中度的回归系数为0.029，系数为正且在1%的水平上显著。以上结果表明，供应链集中度与营运资金偏离程度的正相关关系比较稳定。

表3-19　　　　　　　供应链集中度与营运资金偏离程度的回归结果

变量	被解释变量为营运资金偏离程度（Dev）			
	解释变量为供应商集中度		解释变量为客户集中度	
	Sup_d	Sup1	Cus_d	Cus1
SCC_{t-1}	0.008 ** (2.13)	0.044 *** (3.50)	0.004 (1.55)	0.029 *** (2.76)

续表

变量	被解释变量为营运资金偏离程度（Dev）			
	解释变量为供应商集中度		解释变量为客户集中度	
	Sup_d	Sup1	Cus_d	Cus1
Size	-0.010^{***} (-4.44)	-0.010^{***} (-4.42)	-0.011^{***} (-6.94)	-0.011^{***} (-6.66)
Grow	0.003 (0.44)	0.003 (0.54)	0.0002 (0.04)	0.001 (0.27)
Cflow	0.052^{*} (1.88)	0.051^{*} (1.88)	0.061^{***} (2.88)	0.054^{**} (2.50)
Lev	0.058^{***} (4.00)	0.061^{***} (4.26)	0.067^{***} (6.29)	0.064^{***} (6.16)
Fa	-0.124^{***} (-8.25)	-0.125^{***} (-8.42)	-0.117^{***} (-9.95)	-0.116^{***} (-9.84)
Roa	0.021 (0.49)	0.020 (0.46)	0.064^{*} (1.78)	0.064^{*} (1.83)
Re	-0.026^{***} (-2.96)	-0.026^{***} (-2.82)	-0.031^{***} (-4.28)	-0.030^{***} (-4.08)
Fcost	0.018^{*} (1.67)	0.020^{*} (1.79)	0.027^{***} (3.82)	0.026^{***} (3.59)
年度	控制	控制	控制	控制
行业	控制	控制	控制	控制
常数项	0.340^{***} (4.61)	0.310^{***} (5.09)	0.392^{***} (8.39)	0.372^{***} (7.03)
观测值	4219	4303	8288	8288
Adj. R-squ	0.143	0.151	0.139	0.135

注：＊表示 $p<0.1$，＊＊表示 $p<0.05$，＊＊＊表示 $p<0.01$。

资料来源：根据国泰安数据库公布的我国上市公司财务数据并通过 Stata 软件处理得出。

表 3 - 20 给出了供应链集中度与营运资金调整速度的稳健性回归结果，以 Sup_d 及 Sup1 表示供应商集中度与滞后一期营运资金需求，Wcr_{t-1} 交互项的回归系数分别为 -0.058 和 -0.139，系数为负且分别在 1% 和 5% 的水平上显著；以 Cus_d 和 Cus1 表示客户集中度与滞后一期营运资金需求，Wcr_{t-1} 的

交互项的回归系数分别为 -0.037 和 -0.178，系数为负且分别在 5% 和 1% 的水平上显著。以上结果表明，供应链集中度与营运资金调整速度的正相关关系是稳定的。

表 3-20 　　　　　供应链集中度与营运资金调整速度的回归结果

变量	被解释变量为营运资金需求（Wcr）			
	解释变量为供应商集中度		解释变量为客户集中度	
	Sup_d	Sup1	Cus_d	Cus1
Wcr_{t-1}	0.820 *** (51.66)	0.817 *** (51.50)	0.808 *** (70.34)	0.818 *** (65.17)
SCC_{t-1}	0.010 ** (2.46)	0.021 (1.50)	0.005 (1.57)	0.019 * (1.88)
$Wcr_{t-1} \times SCC_{t-1}$	-0.058 *** (-3.06)	-0.139 ** (-2.18)	-0.037 ** (-2.33)	-0.178 *** (-2.79)
Size	0.005 *** (3.62)	0.005 *** (3.69)	0.006 *** (5.02)	0.006 *** (5.05)
Grow	-0.047 *** (-6.58)	-0.047 *** (-6.61)	-0.048 *** (-8.31)	-0.047 *** (-8.32)
Cflow	-0.561 *** (-27.81)	-0.565 *** (-28.78)	-0.564 *** (-35.74)	-0.564 *** (-35.89)
Lev	-0.086 *** (-7.11)	-0.085 *** (-7.05)	-0.086 *** (-9.81)	-0.085 *** (-9.76)
Fa	-0.021 * (-1.75)	-0.017 (-1.47)	-0.014 (-1.59)	-0.013 * (-1.65)
Roa	0.457 *** (12.54)	0.463 *** (12.87)	0.481 *** (17.01)	0.477 *** (16.69)
Re	0.013 (1.56)	0.012 (1.44)	0.015 *** (3.12)	0.017 *** (3.41)
Fcost	0.027 *** (3.27)	0.025 *** (3.06)	0.018 *** (3.28)	0.018 *** (3.29)
年度	控制	控制	控制	控制
行业	控制	控制	控制	控制

续表

| 变量 | 被解释变量为营运资金需求（Wcr） | | | |
| | 解释变量为供应商集中度 | | 解释变量为客户集中度 | |
	Sup_d	Sup1	Cus_d	Cus1
常数项	− 0. 146 （ − 1. 49）	− 0. 108 （ − 1. 48）	− 0. 125 ** （ − 1. 96）	− 0. 124 * （ − 1. 94）
观测值	4219	4303	8288	8310
Adj. R-squ	0. 845	0. 846	0. 842	0. 843

注：＊表示 p＜0. 1，＊＊表示 p＜0. 05，＊＊＊表示 p＜0. 01。
资料来源：根据国泰安数据库公布的我国上市公司财务数据并通过 Stata 软件处理得出。

3.5.2　改变营运资金需求的度量方法的稳健性检验

1. 采用经行业调整的营运资金需求作为营运资金需求变量的稳健性检验

营运资金需求可能因行业因素存在着较大的差异，为此本书剔除行业因素的影响，以每年度企业营运资金需求减去行业平均值作为该年度营运资金需求，分别考察供应商集中度及客户集中度对营运资金偏离程度及调整速度的影响。检验结果如表 3 −21 及表 3 −22 所示。

表 3 −21　　　　　　　供应链集中度与营运资金偏离程度的回归结果

| 变量 | 被解释变量为营运资金偏离程度（Dev_ind） | | | |
| | 解释变量为供应商集中度 | | 解释变量为客户集中度 | |
	Supplier	Sup_h	Customer	Cus_h
SCC_{t-1}	0. 028 *** （2. 84）	0. 024 *** （2. 87）	0. 013 * （1. 78）	0. 012 ** （2. 26）
Size	− 0. 009 *** （ − 3. 73）	− 0. 009 *** （ − 3. 71）	− 0. 010 *** （ − 6. 21）	− 0. 010 *** （ − 6. 24）
Grow	0. 002 （0. 26）	0. 001 （0. 12）	0. 005 （0. 98）	0. 005 （1. 00）
Cflow	0. 034 （1. 24）	0. 036 （1. 35）	0. 058 *** （2. 82）	0. 057 *** （2. 81）

续表

变量	被解释变量为营运资金偏离程度（Dev_ind）			
	解释变量为供应商集中度		解释变量为客户集中度	
	Supplier	Sup_h	Customer	Cus_h
Lev	0.059 ***	0.058 ***	0.066 ***	0.067 ***
	(4.07)	(4.04)	(6.47)	(6.52)
Fa	−0.120 ***	−0.121 ***	−0.109 ***	−0.110 ***
	(−8.12)	(−8.18)	(−9.46)	(−9.54)
Roa	0.015	0.016	0.043	0.043
	(0.35)	(0.38)	(1.23)	(1.24)
Re	−0.022 **	−0.022 **	−0.028 ***	−0.028 ***
	(−2.57)	(−2.51)	(−3.94)	(−3.89)
Fcost	0.014	0.015	0.021 ***	0.021 ***
	(1.27)	(1.37)	(2.96)	(2.93)
年度	控制	控制	控制	控制
行业	控制	控制	控制	控制
常数项	0.311 ***	0.308 ***	0.384 ***	0.383 ***
	(4.53)	(4.69)	(7.29)	(7.32)
观测值	4304	4318	8310	8316
Adj. R-squ	0.142	0.142	0.135	0.135

注：＊表示 $p<0.1$，＊＊表示 $p<0.05$，＊＊＊表示 $p<0.01$。
资料来源：根据国泰安数据库公布的我国上市公司财务数据并通过 Stata 软件处理得出。

表3－21 给出了经行业调整的营运资金需求下，供应链集中度与营运资金需求偏离程度的稳健性回归结果，以 Customer 和 Cus_h 表示的供应商集中度的回归系数分别为 0.013 和 0.012，系数为正且分别在 10% 和 5% 的水平上显著；以 Supplier 和 Sup_h 表示的客户集中度的回归系数分别为 0.028 及 0.024，系数为正且均在 1% 的水平上显著。以上结果表明，供应链集中度与营运资金偏离程度的正相关关系是比较稳定的。

表 3 – 22　　　　　　　　供应链集中度与营运资金调整速度的回归结果

变量	被解释变量为营运资金需求（Wcr_ind）			
	解释变量为供应商集中度		解释变量为客户集中度	
	Supplier	Sup_h	Customer	Cus_h
Wcr_{t-1}	0.846 *** (38.31)	0.824 *** (54.76)	0.817 *** (54.98)	0.796 *** (73.07)
SC_{t-1}	0.007 (0.96)	0.003 (0.60)	0.002 (0.34)	0.001 (0.14)
$Wcr_{t-1} \times SCC_{t-1}$	− 0.166 *** (− 2.94)	− 0.148 *** (− 3.54)	− 0.130 *** (− 3.15)	− 0.093 *** (− 2.81)
Size	0.005 *** (3.31)	0.005 *** (3.22)	0.005 *** (4.12)	0.005 *** (4.06)
Grow	− 0.046 *** (− 6.96)	− 0.045 *** (− 6.98)	− 0.046 *** (− 8.51)	− 0.046 *** (− 8.54)
Cflow	− 0.548 *** (− 28.00)	− 0.554 *** (− 28.66)	− 0.542 *** (− 34.06)	− 0.544 *** (− 34.12)
Lev	− 0.079 *** (− 6.57)	− 0.075 *** (− 6.39)	− 0.081 *** (− 8.91)	− 0.080 *** (− 8.80)
Fa	− 0.022 * (− 1.93)	− 0.021 * (− 1.85)	− 0.022 ** (− 2.49)	− 0.022 ** (− 2.49)
Roa	0.443 *** (12.40)	0.447 *** (12.52)	0.457 *** (16.30)	0.456 ** (16.26)
Re	0.018 ** (2.03)	0.018 ** (2.12)	0.021 *** (4.19)	0.022 *** (4.30)
Fcost	0.029 *** (3.45)	0.028 *** (3.38)	0.023 *** (4.14)	0.023 *** (4.10)
年度	控制	控制	控制	控制
行业	控制	控制	控制	控制
常数项	− 0.105 (− 1.40)	− 0.090 (− 1.29)	− 0.098 * (− 1.70)	− 0.093 (− 1.58)
观测值	4304	4318	8310	8316
Adj. R-squ	0.790	0.791	0.783	0.783

注：* 表示 $p < 0.1$，** 表示 $p < 0.05$，*** 表示 $p < 0.01$。

资料来源：根据国泰安数据库公布的我国上市公司财务数据并通过 Stata 软件处理得出。

表 3-22 给出了被解释变量为行业调整的营运资金需求（Wcr_ind）时供应链集中度与营运资金调整速度的稳健性回归结果，以 Supplier 和 Sup_h 表示的供应商集中度与滞后一期营运资金需求 Wcr_{t-1} 交互项的回归系数分别为 -0.166 和 -0.148，系数为负且均在 1% 的水平上显著；以 Customer 和 Cus_h 表示的客户集中度与滞后一期营运资金需求 Wcr_{t-1} 的交互项的回归系数分别为 -0.130 和 -0.093，系数为负且均在 1% 的水平上显著。以上结果表明，供应链集中度与营运资金调整速度的正相关关系是稳定的。

2. 采用经行业调整的季节营运资金需求均值（Wcr_si）作为营运资金需求变量的稳健性检验

企业营运资金需求不仅受行业因素的影响，也可能受季节性因素的影响。采用每年季度营运资金需求的平均值作为营运资金需求，并对其进行行业调整，最终采用经行业调整的季度营运资金需求的平均值作为营运资金需求的代理变量，重新测试供应链集中度对营运资金需求偏离程度和调整速度的影响。回归结果如表 3-23 及表 3-24 所示。

表 3-23　　　供应链集中度与营运资金偏离程度的回归结果

变量	被解释变量为营运资金偏离程度（Dev_si）			
	解释变量为供应商集中度		解释变量为客户集中度	
	Supplier	Sup_h	Customer	Cus_h
SCC_{t-1}	0.026 ** (2.55)	0.063 *** (2.76)	0.007 (1.02)	0.028 * (1.87)
Size	-0.010 *** (-4.03)	-0.010 *** (-4.15)	-0.012 *** (-6.61)	-0.011 *** (-6.64)
Grow	-0.003 (-0.50)	-0.003 (-0.58)	-0.001 (-0.17)	-0.001 (-0.12)
Cflow	0.015 (0.33)	0.016 (0.36)	0.105 *** (2.96)	0.104 *** (2.94)
Lev	0.073 *** (4.88)	0.074 *** (4.93)	0.077 *** (7.21)	0.078 *** (7.25)

续表

变量	被解释变量为营运资金偏离程度（Dev_si）			
	解释变量为供应商集中度		解释变量为客户集中度	
	Supplier	Sup_h	Customer	Cus_h
Fa	−0.112 *** (−6.79)	−0.114 *** (−6.89)	−0.110 *** (−8.55)	−0.112 *** (−8.64)
Roa	0.102 (1.50)	0.106 (1.56)	0.045 (0.81)	0.045 (0.81)
Re	−0.007 (−0.87)	−0.007 (−0.83)	−0.012 * (−1.75)	−0.012 * (−1.71)
Fcost	0.008 (0.46)	0.010 (0.58)	0.031 *** (2.94)	0.031 *** (2.88)
年度	控制	控制	控制	控制
行业	控制	控制	控制	控制
常数项	0.308 *** (4.65)	0.316 *** (5.17)	0.389 *** (7.60)	0.384 *** (7.51)
观测值	4304	4318	8310	8317
Adj. R-squ	0.138	0.139	0.131	0.131

注：∗ 表示 $p<0.1$，∗∗ 表示 $p<0.05$，∗∗∗ 表示 $p<0.01$。
资料来源：根据国泰安数据库公布的我国上市公司财务数据并通过 Stata 软件处理得出。

表 3-23 给出了考虑行业和季度因素的营运资金需求下，供应链集中度与营运资金需求偏离程度的稳健性回归结果，以 Supplier 和 Sup_h 表示的供应商集中度的回归系数分别为 0.026 和 0.063，系数为正且分别在 5% 和 1% 的水平上显著。以 Customer 表示的客户集中度的回归系数为 0.007，系数为正但并不显著；以 Cus_h 表示的客户集中度的回归系数为 0.028，系数为正且在 10% 的水平上显著。以上结果表明，供应链集中度与营运资金偏离程度的正相关关系是比较稳定的。

表3-24   **供应链集中度与营运资金调整速度的回归结果**

变量	被解释变量为营运资金需求（Wcr_si）			
	解释变量为供应商集中度		解释变量为客户集中度	
	Supplier	Sup_h	Customer	Cus_h
Wcr_{t-1}	0.875 *** (37.37)	0.841 *** (56.24)	0.849 *** (55.56)	0.817 *** (76.23)
SCC_{t-1}	0.010 (1.25)	0.010 (0.52)	0.006 (1.06)	0.003 (0.19)
$Wcr_{t-1} \times SCC_{t-1}$	-0.175 *** (2.80)	-0.437 *** (-2.91)	-0.139 *** (-3.20)	-0.199 ** (-1.98)
Size	0.002 (1.06)	0.001 (0.89)	0.002 (1.51)	0.002 (1.25)
Grow	-0.050 *** (-7.50)	-0.049 *** (-7.39)	-0.053 *** (-9.81)	-0.053 *** (-9.86)
Cflow	-0.804 *** (-21.81)	-0.811 *** (-22.31)	-0.832 *** (-29.25)	-0.833 *** (-29.19)
Lev	-0.021 (-1.50)	-0.017 (-1.27)	-0.029 *** (-2.76)	-0.028 *** (-2.63)
Fa	0.023 * (1.91)	0.025 ** (2.11)	0.023 ** (2.52)	0.022 ** (2.47)
Roa	0.646 *** (9.18)	0.657 *** (9.51)	0.690 *** (13.02)	0.691 *** (12.94)
Re	0.012 (1.23)	0.012 (1.21)	0.015 *** (2.82)	0.014 *** (2.67)
Fcost	0.013 (1.04)	0.010 (0.88)	0.010 (1.31)	0.010 (1.28)
年度	控制	控制	控制	控制
行业	控制	控制	控制	控制
常数项	-0.073 (-0.83)	-0.055 (-0.69)	-0.072 (-1.09)	-0.0613 (-0.91)
观测值	4304	4318	8310	8317
Adj. R-squ	0.757	0.758	0.757	0.756

注：* 表示 $p < 0.1$，** 表示 $p < 0.05$，*** 表示 $p < 0.01$。

资料来源：根据国泰安数据库公布的我国上市公司财务数据并通过 Stata 软件处理得出。

表 3 - 24 给出了考虑行业和季度因素的营运资金需求下，供应链集中度与营运资金调整速度的稳健性回归结果，以 Supplier 和 Sup_h 表示的供应商集中度与滞后一期营运资金需求 Wcr_{t-1} 交互项的回归系数分别为 - 0.175 和 - 0.437，系数为负且均在 1% 的水平上显著。以 Customer 和 Cus_h 表示的客户集中度与滞后一期营运资金需求 Wcr_{t-1} 交互项的回归系数分别为 - 0.139 和 - 0.199，系数为负且分别在 1% 及 5% 的水平上显著。以上结果表明，供应链集中度与营运资金调整速度的正相关关系是稳定的。

3.5.3　目标营运资金需求考虑供应链集中度因素的稳健性检验

由前文理论分析与实证检验可知，供应商集中度和客户集中度对企业营运资金动态调整具有显著的影响，因此，把供应链集中度作为企业目标营运资金需求的影响因素进行考虑，考察供应商集中度或客户集中度是否对企业目标营运资金需求具有显著影响，因此在模型 1 中加入供应商集中度或客户集中度进行稳健性检验。同时，用供应链集中度滞后一期值、考虑行业因素影响和季节因素影响下的营运资金需求进行进一步的稳健性检验。检验结果如下。

表 3 - 25 给出了考虑供应链集中度影响因素的目标营运资金需求的回归结果，当解释变量为供应商集中度时，以变量 Supplier 为供应商集中度代理变量的回归系数为 0.033，符号为正且在 5% 的水平上显著，以 Sup_h 为供应商集中度代理变量的回归系数为 0.027，符号为正但显著性较弱。当解释变量为客户集中度时，以 Customer 和 Cus_h 为客户集中度代理变量的回归系数分别为 0.034 和 0.015，符号为正且分别在 1% 和 10% 的水平上显著；控制变量中，公司成长性（Grow）、经营活动现金流（Cflow）、杠杆比率（Lev）、固定资产投资水平（Fa）均与营运资金需求显著负相关，而总资产收益率（Roa）、留存收益比率（Re）、融资成本（Fcost）均与营运资金需求显著正相关。公司规模（Size）与营运资金需求总体上呈正相关关系，但不显著，这可能与公司规模与营运资金需求之间存在较为复杂的关系有关。而融资成本与营运资金需求正相关，和预期不一致，其原因可能是财务费用中并没有完全涵盖所有利息费用。上述结果表明，我国上市公司目标营运资金需求确

实存在目标值，这和已有文献研究结果基本是一致的（吴娜，2013；张淑英，2015；陈克兢、李延喜等，2015；孙兰兰等，2016），供应链集中度与目标营运资金需求存在显著的正相关关系，供应链集中度越高，目标营运资金需求越大。

表 3 - 25　　　　　供应链集中度与目标营运资金需求的回归结果

| 变量 | 被解释变量为目标营运资金需求（Wcr*） | | | |
| | 解释变量为供应商集中度 | | 解释变量为客户集中度 | |
	Supplier	Sup_h	Customer	Cus_h
SCC	0.033 ** (2.36)	0.027 (1.88)	0.034 *** (2.97)	0.015 * (1.76)
Size	0.002 (0.75)	0.001 (0.44)	0.001 (0.32)	− 0.000 (− 0.03)
Grow	− 0.035 *** (− 7.34)	− 0.035 *** (− 7.45)	− 0.032 *** (− 8.94)	0.032 *** (− 8.86)
Cflow	− 0.593 *** (− 23.46)	− 0.594 *** (− 23.61)	− 0.601 *** (− 30.48)	− 0.603 *** (− 30.70)
Lev	− 0.147 *** (− 7.09)	− 0.148 *** (− 7.17)	− 0.145 *** (− 8.39)	− 0.144 *** (− 8.33)
Fa	− 0.243 *** (− 11.00)	− 0.243 *** (− 11.03)	− 0.247 *** (− 13.26)	− 0.247 *** (− 13.23)
Roa	0.221 *** (4.11)	0.223 *** (4.16)	0.226 ** (5.79)	0.228 *** (5.83)
Re	0.126 *** (8.34)	0.124 *** (8.25)	0.137 *** (11.11)	0.136 *** (11.00)
Fcost	0.165 *** (12.60)	0.164 *** (12.57)	0.149 *** (14.95)	0.150 *** (14.95)
年度	控制	控制	控制	控制
行业	控制	控制	控制	控制
常数项	0.159 ** (2.20)	0.193 *** (2.77)	0.289 *** (4.86)	0.316 *** (5.37)
观测值	6663	6682	11690	11690
Adj. R-squ	0.426	0.425	0.428	0.427

注：* 表示 p < 0.1，** 表示 p < 0.05，*** 表示 p < 0.01。

资料来源：根据国泰安数据库公布的我国上市公司财务数据并通过 Stata 软件处理得出。

表 3 – 26 给出了供应链集中度滞后一期值与目标营运资金需求的回归结果，当解释变量为供应商集中度时，以 $Supplier_{t-1}$ 为供应商集中度代理变量的回归系数为 0.030，符号为正且在 10% 的水平上显著；以 Sup_h_{t-1} 为供应商集中度代理变量的回归系数为 0.074，符号为正但显著性较弱。当解释变量为客户集中度时，以 $Customer_{t-1}$ 和 Cus_h_{t-1} 为客户集中度代理变量的回归系数分别为 0.033 和 0.016，符号为正且分别在 1% 及 10% 的水平上显著。

表 3 – 26　　　供应链集中度滞后一期值与目标营运资金需求的回归结果

变量	被解释变量为目标营运资金需求（Wcr*）			
	解释变量为供应商集中度		解释变量为客户集中度	
	Supplier	Sup_h	Customer	Cus_h
SCC_{t-1}	0.030* (1.66)	0.074 (1.55)	0.033*** (2.61)	0.016* (1.71)
Size	−0.004 (−0.94)	−0.005 (−1.21)	0.006* (1.80)	0.005 (1.53)
Grow	−0.051*** (−5.97)	−0.049*** (−5.35)	−0.029*** (−4.85)	−0.029*** (−4.80)
Cflow	−0.553*** (−15.32)	−0.570*** (−14.96)	−0.634*** (−25.97)	−0.637*** (−26.09)
Lev	−0.177*** (−6.31)	−0.171*** (−5.99)	−0.168*** (−8.28)	−0.167*** (−8.17)
Fa	−0.209*** (−7.41)	−0.207*** (−7.34)	−0.240*** (−11.67)	−0.241*** (−11.67)
Roa	0.157** (2.15)	0.171** (2.30)	0.168*** (3.53)	0.168*** (3.53)
Re	0.141*** (6.54)	0.142*** (6.52)	0.128*** (9.70)	0.128*** (9.65)
Fcost	0.191*** (10.68)	0.190*** (10.65)	0.160*** (13.50)	0.160*** (13.47)
年度	控制	控制	控制	控制
行业	控制	控制	控制	控制

续表

变量	被解释变量为目标营运资金需求（Wcr*）			
	解释变量为供应商集中度		解释变量为客户集中度	
	Supplier	Sup_h	Customer	Cus_h
常数项	0.313 ***	0.342 ***	0.129 *	0.156 **
	(3.40)	(3.77)	(1.70)	(2.08)
观测值	3079	3090	8310	8310
Adj. R-squ	0.368	0.368	0.427	0.426

注：* 表示 $p<0.1$，** 表示 $p<0.05$，*** 表示 $p<0.01$。
资料来源：根据国泰安数据库公布的我国上市公司财务数据并通过 Stata 软件处理得出。

表 3 - 27 给出了供应链集中度与行业调整下目标营运资金需求的回归结果，以 Supplier 表示的供应商集中度的回归系数为 0.022，系数为正但不显著，而以 Sup_h 表示的供应商集中度的回归系数为 0.033，系数为正且在 5% 的水平上显著；以 Customer 和 Cus_h 表示的客户集中度的回归系数分别为 0.035 和 0.017，系数为正且分别在 1% 和 10% 的水平上显著。以上结果表明，供应链集中度与目标营运资金需求的正相关关系是比较稳定的。

表 3 - 27   供应链集中度与目标营运资金需求的回归结果

变量	被解释变量为目标营运资金需求（Wcr_ind*）			
	解释变量为供应商集中度		解释变量为客户集中度	
	Supplier	Sup_h	Customer	Cus_h
SCC_{t-1}	0.022	0.033 **	0.035 ***	0.017 *
	(1.03)	(2.00)	(2.74)	(1.77)
Size	0.003	0.003	0.001	0.000
	(0.65)	(0.88)	(0.44)	(0.06)
Grow	-0.043 ***	-0.043 ***	-0.031 ***	-0.030 ***
	(-5.91)	(-5.93)	(-8.67)	(-8.57)
Cflow	-0.577 ***	-0.577 ***	-0.582 ***	-0.585 ***
	(-18.01)	(-18.01)	(-29.76)	(-29.99)

变量	被解释变量为目标营运资金需求（Wcr_ind*）			
	解释变量为供应商集中度		解释变量为客户集中度	
	Supplier	Sup_h	Customer	Cus_h
Lev	−0.143 *** (−5.76)	−0.142 *** (−5.73)	−0.143 *** (−8.37)	−0.142 *** (−8.30)
Fa	−0.246 *** (−9.70)	−0.246 *** (−9.68)	−0.236 *** (−12.84)	−0.237 *** (−12.81)
Roa	0.177 *** (2.68)	0.177 *** (2.67)	0.221 *** (5.72)	0.223 *** (5.76)
Re	0.124 *** (7.14)	0.126 *** (7.16)	0.134 *** (10.96)	0.134 *** (10.84)
Fcost	0.189 *** (10.72)	0.189 *** (10.74)	0.147 *** (14.87)	0.148 *** (14.88)
年度	控制	控制	控制	控制
行业	控制	控制	控制	控制
常数项	0.0587 (0.64)	0.032 (0.34)	0.134 ** (2.27)	0.164 *** (2.80)
观测值	4303	4304	11690	11694
Adj. R-squ	0.271	0.273	0.294	0.293

注：* 表示 p<0.1，** 表示 p<0.05，*** 表示 p<0.01。
资料来源：根据国泰安数据库公布的我国上市公司财务数据并通过 Stata 软件处理得出。

　　表 3-28 给出了供应链集中度与考虑行业及季节因素下目标营运资金需求的回归结果。以 Supplier 表示的供应商集中度的回归系数为 0.037，系数为正且在 5% 的水平上显著；而以 Sup_h 表示的供应商集中度的回归系数为 0.045，系数为正但不显著。以 Customer 表示的客户集中度的回归系数为 0.039，系数为正且在 1% 的水平上显著；以 Cus_h 表示的客户集中度的回归系数为 0.043，系数为正但不显著。

表3-28 供应链集中度与目标营运资金需求的回归结果

变量	被解释变量为目标营运资金需求（Wcr_si*）			
	解释变量为供应商集中度		解释变量为客户集中度	
	Supplier	Sup_h	Customer	Cus_h
SCC$_{t-1}$	0.037 ** (2.15)	0.045 (1.19)	0.039 *** (2.97)	0.043 (1.56)
Size	0.003 (0.73)	0.002 (0.40)	0.005 (1.59)	0.003 (1.14)
Grow	-0.037 *** (-5.03)	-0.035 *** (-4.49)	-0.028 *** (-4.83)	-0.027 *** (-4.76)
Cflow	-0.724 *** (-11.26)	-0.731 *** (-11.28)	-0.799 *** (-16.68)	-0.799 *** (-16.65)
Lev	-0.127 *** (-4.83)	-0.123 *** (-4.63)	-0.148 *** (-7.09)	-0.146 *** (-6.99)
Fa	-0.260 *** (-9.09)	-0.260 *** (-9.09)	-0.244 *** (-10.67)	-0.246 *** (-10.70)
Roa	-0.015 (-0.12)	-0.005 (-0.04)	0.023 (0.26)	0.018 (0.21)
Re	0.112 *** (6.85)	0.111 *** (6.81)	0.106 *** (9.13)	0.106 *** (9.04)
Fcost	0.239 *** (8.84)	0.238 *** (8.82)	0.210 *** (12.40)	0.211 *** (12.38)
年度	控制	控制	控制	控制
行业	控制	控制	控制	控制
常数项	0.038 (0.38)	0.075 (0.74)	-0.012 (-0.15)	0.028 (0.34)
观测值	4304	4318	8310	8317
Adj. R-squ	0.223	0.220	0.237	0.235

注：* 表示 $p<0.1$，** 表示 $p<0.05$，*** 表示 $p<0.01$。
资料来源：根据国泰安数据库公布的我国上市公司财务数据并通过 Stata 软件处理得出。

以上结果表明我国上市公司存在着目标营运资金需求，且供应链集中度与目标营运资金需求存在显著的正相关关系，供应链集中度越高，目标营运资金需求越大。

3.6　本章小结

本章以 2007~2020 年我国 A 股上市公司为样本，研究了供应链集中度对企业营运资金动态调整的影响，研究发现，供应链集中度是影响企业目标营运资金需求的重要因素，并对企业营运资金偏离程度及调整速度有着显著的影响。一方面，客户集中度的提高使客户的议价能力增强，导致企业在信用供给方面做出较大让步，使企业实际营运资金偏离目标水平的程度增加，而供应商集中度的提高使企业在采购方面过度依赖少数供应商，降低了企业在采购过程中的话语权，使企业难以获得正常情况下的信用供给水平，导致实际营运资金占有量偏离最佳水平；另一方面，客户或供应商集中度提高增强了供应链间的合作关系，降低了企业对营运资金进行调整的成本与难度，加快了企业营运资金调整的速度。另外，由于人们对收益追求和风险回避的反应的不对称性，我国上市公司对营运资金进行调整时在方向上表现出明显的不对称性，营运资金向下调整的速度明显快于向上调整的速度，且供应链集中度对上述不对称性有强化作用。

为解决可能存在的内生性问题，研究中采用滞后一期供应链集中度作为解释变量对书中假设进行检验，并以供应链集中度的行业均值作为工具变量进行两阶段回归的内生性检验，结果有着较高显著性。此外，对于解释变量，还分别以是否存在大客户或供应商及第一大客户或供应商作为供应链集中度的代理变量进行了稳健性检验。而对被解释变量，考虑了行业因素及季节性因素的影响，采用了经行业调整的营运资金需求及季节营运资金需求作为代理变量进行稳健性测试，检验结果依然支持了相关假设。

本章从理论上揭示了供应链集中度对营运资金动态调整影响的机理，对企业加强供应链管理、提高资金使用效率、实现企业价值最大化具有以下两点意义。第一，企业在与大客户或供应商合作的过程中，要积极关注客户或供应商集中度给企业带来的风险，对大客户或供应商的过分依赖会使企业丧失议价方面的主动权，导致营运资金偏离最佳水平，使企业经营风险上升，并对企业外部融资造成不利影响。第二，在后金融危机时期，企业面临的不确定因素增多，营运资金管理活动中应该更加关注供应链集中度带来的负面影响，防止风险叠加产生不良后果，对于客户或供应商集中度下营运资金的过度偏离，企业应积极进行风险控制，利用客户或供应商集中度带来的供应链共存协作关系与大客户或供应商进行有效沟通，对过度的营运资金占用进行调整，有效控制营运资金偏离带来的风险，提高营运资金的管理绩效。

现代市场经济条件下，企业内外部环境对企业经营活动产生着日益重要的影响，供应链集中度对企业营运资金动态调整的影响可能受公司内部环境因素的制约而表现出差异性。因此进一步研究内部及外部环境条件下供应链集中度对营运资金动态调整的影响有助于加深对上述问题的认识，并为营运资金管理实务工作提供更为理性的指导。本书第 4 章、第 5 章及第 6 章将分别从公司内部治理（微观）、行业市场地位（中观）及环境不确定性（宏观综合）角度进一步实证分析与检验供应链集中度对营运资金动态调整的影响。

第4章 公司治理、供应链集中度
与营运资金动态调整

供应链集中度对企业营运资金活动的作用效果通常受公司的治理环境影响，我国上市公司很大一部分属于国有控股上市公司，产权性质很大程度上影响着企业的治理行为，进而对企业的经营活动产生影响。现代企业制度下，高管薪酬激励作为缓解我国上市公司代理问题的一个重要公司治理因素，对企业经营活动有着重要影响，因而在研究供应链集中度对营运资金动态调整的影响时，有必要进一步考虑公司治理因素对其产生的影响。本章将从产权性质和高管薪酬激励的视角深入研究供应链集中度对营运资金动态调整的影响。

4.1 理论分析与研究假说

4.1.1 产权性质对供应链集中度影响营运资金偏离程度的效应分析

供应链集中度对企业营运资金偏离程度的影响会因产权性质的不同而产生差异。通常情况下，供应链集中度的提高会使企业在合作过程中的议价能力降低，为维持业务的稳定，企业通常要给予较多的让步，使企业的营运资金占用水平与期限偏离目标水平。然而对国有性质的企业而言，其供应链集中度对营运资金偏离程度的影响是有限的，原因主要有如下两个方面：第一，我国公有制经济占主导地位，国有企业负有较大的社会责任，在销售或采购方面有较多优势（祝继高、齐肖等，2015；戚聿东、张任之，2015），使得国有企业对大客户或供应商的依赖程度有所缓解，大客户或供应商的议价优势在与国有企业的合作中不能得以充分发挥，因此国有企业营运资金偏离目标的程度不明显；第二，国有企业对大客户流失或供应商终止合作带来的潜在风险不够敏感（杨继生、阳建辉，2015；Ben-Nasr，2016），这也使得大客户对国有企业营运资金偏离程度产生的影响不明显，相对而言，非国有企业面对的市场竞争较为激烈，在与大客户或供应商谈判中易于做出较大让步，因而大客户或供应商的议价能力在与非国有企业的交易中能得到较大程度的发挥，使非国有企业营运资金的偏离程度较为明显。根据以上分析提出以下假设：

假设 4 - 1：相对于国有企业而言，供应链集中度对营运资金偏离程度的影响在非国有企业中表现较为明显。

4.1.2 产权性质对供应链集中度影响营运资金调整速度的效应分析

供应链集中度对营运资金调整速度的影响可能由于企业产权性质不同而存在异质性。我国国有企业肩负着较大的社会责任，而我国大部分银行主要是国有性质的银行，因而国有企业相对于非国有企业来说，更容易从银行获得贷款（方军雄，2007；邓川等，2014；靳来群，2015）。从银行的角度来看，由于国有企业与银行保持着相对密切的联系，有利于降低借贷双方的信息不对称程度。而且，也有很多研究表明我国国有性质的公司存在着明显的预算软约束现象（郭剑花等，2011；盛明泉等，2012）。营运资金的动态调整主要是基于对经营活动中收益与风险的权衡，其调整速度与经营者个人利益及调整意愿有着密切关系（Ben-Nasr，2016）。从委托代理理论角度来说，国有性质的企业存在所有者缺位现象，由此产生的代理成本不利于企业价值最大化目标的实现。而对偏离目标营运资金水平的行为进行纠偏意味着经营者为实现企业价值最大化的意愿及努力程度，其调整速度较大程度上反映了这一意愿及努力程度，国有企业的代理问题对营运资金调整速度可能产生不利影响。根据以上分析提出以下假设：

假设 4 - 2：相对于国有企业而言，供应链集中度对营运资金调整速度的影响在非国有企业中表现更为显著。

4.1.3　薪酬激励对供应链集中度影响营运资金动态调整的效应分析

已有文献表明，供应商或客户集中度对企业经营活动有着较为复杂的影响，一方面，随着供应链集中度提高，容易导致公司风险上升（Wang，2012；Itzkowitz，2013），而公司风险的加大不利于外部市场融资，导致融资约束程度的增加，进而增加了对营运资金调整的动机（吴娜，2013；Campello，2014）；另一方面，与少数供应商或客户进行合作有利于核心企业节约时间、精力与成本，更加专注于业务活动，提高服务质量，增进双方的合作关系，在遇到问题时更容易达成谅解（Patatoukas，2012），企业在资金困难时通过对营运资金进行调整更容易得到供应链企业的配合与支持，有利于降低企业营运资金调整的成本。因此，随着供应链集中度的提高，对营运资金的调整速度可能会加快。然而，现代企业制度下，公司高管对企业经营活动有重要作用，供应链集中度对营运资金调整速度的影响可能由于高管行为的差异而有所不同。

前文分析和证明了供应链集中度会因供应商或客户议价能力导致企业营运资金偏离目标水平，而营运资金偏离目标水平意味着企业资金使用效率下降和经营风险上升，从而对企业未来绩效和价值产生不利影响。现代企业制度下，公司高管作为经营活动的主要决策者，其决策行为与企业经营活动密切相关。一方面，高管决策及工作积极性的发挥对企业经营活动会产生影响；另一方面，企业经营活动的风险与绩效又会影响高管的当前及未来收益，而现代企业制度下为缓解经营者与所有者代理冲突的高管激励行为则进一步强化了高管行为与企业风险与未来绩效的关系。因此，企业经营活动中，供应链集中度对营运资金偏离程度和调整速度的影响可能因企业高管激励程度的不同而有所差异，这是因为：一方面，供应链集中度越高，引起企业营运资金偏离目标水平的程度越高，而较高的偏离可能给企业带来更大的经营风险，这种风险加大了被授予较高薪酬激励的高管面临的潜在损失，为防止经营失败可能带来经济上甚至声誉上的重大损失，此时企业高管有较大的动力在事前防止营运资金的过度偏离或对发生的偏离进行积极调整，使其向目标营运资金水平快速回归；另一方面，较高的薪酬激励可能会促使管理层更加关心企业的经营活动，加强对供应链关系的管理，花费更多的心思与大客户和供应商进行沟通和合作，改善与供应链上下游之间的关系。盛明泉、戚昊辰（2014）及房林林（2015）认为管理者薪酬激励对资本结构动态调整具有积极影响。另外，薪酬激励作为缓解委托代理问题的治理手段，有利于促进企业与外部利益相关者之间的合作，降低公司对营运资金适时调整的阻力或成本。相反，在薪酬激励程度较低的情况下，实际营运资金偏离目标营运资金需求水平时，偏离风险对公司高管产生的压力和潜在损失较小，此时高管对营运资金进行调整的积极性相对较弱，同时较低薪酬激励下信号传递正向效果也不明显，不利于缓解供应链合作中的利益冲突，此时营运资金动态调整可能面临的成本及阻力较大。据此提出以下假设：

假设 4 - 3：相对于高管薪酬激励高的企业而言，供应链集中度对营运资金偏离程度的影响在薪酬激励低的企业中表现更为明显。

假设 4 - 4：相对于高管薪酬激励低的企业而言，供应链集中度对营运资金调整速度的影响在薪酬激励高的企业中表现更为明显。

4.2　研究设计

4.2.1　样本选取与数据来源

本书使用面板数据，以沪深 A 股上市公司为研究对象，样本区间为 2007 ~ 2020 年，数据来源于深圳国泰安公司，在数据选择上剔除了数据不全的公司，并考虑到金融类上市公司的财务特殊性，剔除金融保险类公司；考虑到非日常经营行为的特殊影响，进一步剔除 ST 特别处理公司及当年发生并购或控制权转移的公司。行业分类方面，按照中国证券监督管理委员会（简称"证监会"）2001 年 4 月发布的行业分类标准进行分类。经过以上处理后，最终得

到 6663 个供应商集中度有效观测值、11690 个客户集中度有效观测值及 6409
个供应链整体集中度有效观测值。

4.2.2　关键变量定义及度量

1. 营运资金需求

本书以营运资金需求作为被解释变量，为了客观地反映经营活动中供应
链环节上营运资金的占用水平，本书借鉴吴娜（2013）等学者的做法，剔除
投资活动与筹资活动的流动性项目，以经营活动中的流动资产项目总和与流
动负债项目总和的差额除以当期总资产来表示营运资金占用水平，用符号
Wcr 表示。在稳健性检验中使用经行业调整的营运资金需求（Wcr_ind）及经
行业调整的营运资金需求季度平均值（Wcr_si）作为反映企业营运资金需求
的指标。以上变量具体定义如表 4 - 1 所示。

表 4 - 1　　　　　　　　　　　　被解释变量定义

变量符号	变量名称	变量计量
Wcr	营运资金需求	Wcr = [（应收账款 + 应收票据 + 其他应收款 + 预付账款 + 存货）- （应付票据 + 应付账款 + 预收账款 + 应付职工薪酬 + 应交税费 + 其他应付款）] / 总资产
Dev	偏离程度	实际营运资金需求与目标营运资金需求之差的绝对值
以下变量替代被解释变量用于稳健性检验		
Wcr_ind	经行业调整的营运资金需求	各年度营运资金需求减去行业中位数
Wcr_si	经行业调整营运资金需求季度平均值	各年度四个季度营运资金需求平均值减去行业平均值

2. 供应链集中度

分别以公司的前五大客户销售额之和占全部销售额的比例、前五大客
户销售比的赫芬达尔指数作为衡量公司客户集中度的指标；以公司的前五
大供应商采购额之和占全部采购额的比例、前五大供应商采购比的赫芬达
尔指数作为衡量公司供应商集中度的指标；以二者的均值作为供应链整体

集中度的衡量指标。考虑到供应商集中度对营运资金动态调整的影响可能存在滞后性及二者之间可能存在内生性的问题，在动态调整模型中使用客户集中度的滞后一期值。以上变量具体定义如表4-2所示，其他指标定义及计量见表4-3。

表4-2 **解释变量定义**

变量符号	变量名称	变量计量
Supplier	供应商集中度	前五名供应商采购比之和
Customer	客户集中度	前五名客户销售比之和
以下变量替代解释变量用于稳健性检验		
Sup_h	供应商集中度	前五名供应商采购比平方和
Cus_h	客户集中度	前五名客户销售比平方和

表4-3 **其他变量的定义及衡量**

变量性质	变量符号	变量名称	变量计量
调节变量	State	产权性质	虚拟变量，公司性质为国有时，State＝1；公司性质为非国有时，State＝0
	Salary	高管薪酬激励	公司薪酬最高的前三位高管的薪酬总额与公司高管薪酬总额的比值
控制变量	Size	公司规模	营业收入的自然对数
	Grow	公司成长性	（期末总资产－期初总资产）/期初总资产
	Cflow	现金流量	经营活动现金净流量/总资产
	Lev	财务杠杆	负债总额/资产总额
	Fa	固定资产投资	固定资产/总资产
	Roa	总资产收益率	净利润/总资产
	Re	留存收益比率	（盈余公积＋未分配利润）/总资产
	Fcost	融资成本	财务费用/（负债－应付账款）

4.2.3 研究模型

为考察产权性质对供应链集中度与营运资金动态关系的影响，在偏离程度模型（第 3 章模型 3 - 5）和调整速度模型（第 3 章模型 3 - 6）的基础上对样本进行分组，分为国有组（State = 1 时）与非国有组（State = 0 时），然后检验其效果。

为考察高管薪酬激励对供应链集中度与营运资金动态关系的影响，在偏离程度模型（第 3 章模型 3 - 5）和调整速度模型（第 3 章模型 3 - 6）的基础上对样本进行分组，分组时，以年度行业中位数为分界点，薪酬激励水平大于年度行业中位数的视为高薪酬激励组（Dsalary = 1 时），薪酬激励水平小于年度行业中位数的视为低薪酬激励组（Dsalary = 0 时），然后检验其效果。

4.3　实证结果与分析

4.3.1　描述性统计

表 4 - 4 给出了各主要变量的描述性统计结果，2007 ~ 2020 年我国上市公司营运资金需求的均值为 0.142，中位数为 0.139，标准差为 0.168，表明我国上市公司营运资金组间分布较为均衡；上市公司营运资金偏离程度均值为 0.111，中位数为 0.087，最小值为 0，最大值为 0.870，标准差为 0.095，表明我国上市公司营运资金偏离程度存在着一定的差异，分布也存在较大的不平衡性。客户集中度指标 Customer 和 Cus_h 的均值分别为 0.316 和 0.056，中位数分别为 0.260 和 0.016；供应商集中度指标 Supplier 和 Sup_h 的均值分别为 0.368 和 0.064，中位数分别为 0.321 和 0.026。以上表明我国上市公司供应链存在着一定程度的集中，且存在部分公司严重依赖大供应商或大客户的现象。产权性质指标均值和中位数分别是 0.309 和 0，标准差为 0.462，表明我国上市公司中有很大一部分是国有控股上市公司；高管薪酬激励指标均值与中位数分别为 0.411 和 0.393，最大值与最小值分别为 0.166 和 0.858，表明我国上市公司存在着一定程度的薪酬差距，薪酬激励可能对我国上市公司的内部治理及经营活动产生一定影响。

表 4 - 4   有关变量描述性统计

变量	样本量（个）	均值	中位数	标准差	最小值	最大值
Wcr	6409	0.142	0.139	0.168	- 0.452	0.746
Dev	4807	0.111	0.087	0.095	0	0.870
Customer	6409	0.316	0.260	0.221	0.046	0.988
Cus_h	6409	0.056	0.016	0.110	0.000	0.675
Supplier	6409	0.368	0.321	0.211	0.056	0.972
Sup_h	6409	0.064	0.026	0.102	0	0.608
State	6409	0.309	0	0.462	0	1
Salary	6409	0.411	0.393	0.123	0.166	0.858
Size	6409	21.13	20.02	1.354	16.571	25.148
Grow	6409	0.247	0.114	0.453	- 0.391	2.506
Cflow	6409	0.049	0.048	0.093	- 0.273	0.352
Lev	6409	0.418	0.401	0.223	0.049	1.541
Fa	6409	0.225	0.196	0.158	0.002	0.757
Roa	6409	0.052	0.049	0.058	- 0.244	0.234
Re	6409	0.126	0.158	0.305	- 2.606	0.482
Fcost	6409	0.022	0.028	0.180	- 0.991	0.239

资料来源：根据国泰安数据库公布的我国上市公司财务数据并通过 Stata 软件处理得出。

4.3.2　回归结果分析

1. 产权性质对供应链集中度与营运资金偏离程度关系的影响

把供应商集中度（Supplier）和客户集中度（Customer）样本分别按产权性质（State）分为国有组（State = 1）和非国有组（State = 0），考察供应链集中度对营运资金偏离程度的影响在国有组与非国有组下的差异。表 4 - 5 给出了不同产权性质下供应链集中度对营运资金偏离程度影响差异的回归结果。由表 4 - 5 可以看出，当解释变量为 Supplier 时，国有组下供应商集中度的回归系数为 0.028，系数为正但不显著，非国有组下供应商集中度的回归系数为 0.038，系数为正且在 1% 的水平上显著。当解释变量为 Customer 时，国有组下客户集中度的回归系数为 -0.001，系数为负但不显著，非国有组下客户集中度的回归系数为 0.026，系数为正且在 1% 的水平上显著。以上结果表明，相对于国有企业而言，供应链集中度对营运资金偏离程度的影响在非国有企业中更为明显。因此，假设 4-1 的推断是可靠的。

表 4-5　产权性质、供应链集中度与营运资金偏离程度的回归结果

变量	被解释变量营运资金偏离程度（Dev）			
	解释变量为 Supplier		解释变量为 Customer	
	State = 1	State = 0	State = 1	State = 0
SCC_{t-1}	0.028 (1.62)	0.038 *** (3.10)	-0.001 (-0.09)	0.026 *** (3.02)
Size	-0.009 *** (-2.74)	-0.008 *** (-2.67)	-0.011 *** (-4.68)	-0.011 *** (-4.76)
Grow	-0.032 ** (-2.32)	0.011 * (1.79)	-0.042 *** (-3.38)	0.011 ** (2.03)
Cflow	-0.015 (-0.29)	0.087 *** (2.67)	-0.007 (-0.19)	0.086 *** (3.26)
Lev	0.070 *** (2.73)	0.050 *** (2.88)	0.067 *** (3.71)	0.062 *** (4.80)
Fa	-0.133 *** (-4.91)	-0.124 *** (-6.71)	-0.092 *** (-4.78)	-0.132 *** (-8.63)
Roa	0.150 * (1.83)	-0.059 (-1.22)	0.161 *** (2.61)	0.028 (0.67)
Re	-0.033 (-1.40)	-0.024 ** (-2.29)	-0.030 * (-1.86)	-0.029 *** (-3.41)
Fcost	-0.040 (-0.81)	0.028 ** (2.57)	-0.022 (-0.69)	0.034 *** (4.60)
Year	控制	控制	控制	控制
Industry	控制	控制	控制	控制

变量	被解释变量营运资金偏离程度（Dev）			
	解释变量为 Supplier		解释变量为 Customer	
	State = 1	State = 0	State = 1	State = 0
常数项	0. 200 *** (2. 78)	0. 444 *** (4. 33)	0. 355 *** (6. 50)	0. 471 *** (4. 35)
观测值	1440	2864	3203	5107
Adj. R-squ	0. 229	0. 156	0. 154	0. 157

注：* 表示 p < 0.1，** 表示 p < 0.05，*** 表示 p < 0.01。
资料来源：根据国泰安数据库公布的我国上市公司财务数据并通过 Stata 软件处理得出。

2. 产权性质、供应链集中度与营运资金调整速度的回归结果

把供应商集中度（Supplier）和客户集中度（Customer）样本分别按产权性质（State）分为国有组（State = 1）和非国有组（State = 0），考察供应链集中度对营运资金调整速度的影响在国有组与非国有组下的差异。表 4 - 6 给出了不同产权性质下供应链集中度对营运资金调整速度影响差异的回归结果。由表 4 - 6 可以看出，当解释变量为 Supplier 时，国有组下供应商集中度与滞后一期营运资金需求（Wcr_{t-1}）的交互项 $Wcr_{t-1} \times SCC_{t-1}$ 的回归系数为 0. 049，系数为正但不显著，非国有组下供应商集中度与滞后一期营运资金需求（Wcr_{t-1}）的交互项 $Wcr_{t-1} \times SCC_{t-1}$ 的回归系数为 - 0. 238，系数为负且在 1% 的水平上显著。当解释变量为 Customer 时，国有组下客户集中度与滞后一期营运资金需求（Wcr_{t-1}）的交互项 $Wcr_{t-1} \times SCC_{t-1}$ 的回归系数为 - 0. 040，系数为负但不显著，非国有组下客户集中度与滞后一期营运资金需求（Wcr_{t-1}）的交互项 $Wcr_{t-1} \times SCC_{t-1}$ 的回归系数为 - 0. 168，系数为负且在 1% 的水平上显著。以上结果表明，相对于国有企业而言，供应链集中度对营运资金调整速度的影响在非国有企业中更为明显。因此，假设 4 - 2 的推断是可靠的。

表 4 - 6　　　　　产权性质、供应链集中度与营运资金需求调整速度的回归结果

变量	被解释变量为营运资金需求（Wcr）			
	解释变量为 Supplier		解释变量为 Customer	
	State = 1	State = 0	State = 1	State = 0
Wcr_{t-1}	0. 823 *** (32. 11)	0. 863 *** (32. 63)	0. 858 *** (49. 18)	0. 812 *** (35. 57)
SCC_{t-1}	− 0. 009 (− 0. 87)	0. 050 *** (3. 12)	0. 014 * (1. 81)	0. 019 * (1. 78)
$Wcr_{t-1} \times SCC_{t-1}$	0. 049 (1. 08)	− 0. 238 *** (− 3. 73)	− 0. 040 (− 0. 88)	− 0. 168 *** (− 3. 02)
Size	0. 006 *** (3. 05)	0. 007 *** (3. 21)	0. 004 *** (3. 28)	0. 008 *** (3. 95)
Grow	− 0. 054 ** (− 2. 28)	− 0. 047 *** (− 6. 57)	− 0. 047 *** (− 3. 24)	− 0. 048 *** (− 7. 89)
Cflow	− 0. 554 *** (− 14. 85)	− 0. 576 *** (− 24. 25)	− 0. 556 *** (− 24. 60)	− 0. 572 *** (− 28. 08)
Lev	− 0. 077 *** (− 3. 90)	− 0. 091 *** (− 6. 33)	− 0. 060 *** (− 4. 73)	− 0. 099 *** (− 7. 82)
Fa	− 0. 017 (− 0. 85)	− 0. 017 (− 1. 11)	0. 002 (0. 19)	− 0. 020 (− 1. 58)
Roa	0. 447 *** (6. 99)	0. 442 *** (10. 20)	0. 544 *** (11. 61)	0. 432 *** (11. 94)
Re	0. 004 (0. 26)	0. 020 * (1. 85)	0. 006 (0. 52)	0. 021 *** (3. 04)
Fcost	0. 037 (1. 63)	0. 028 *** (3. 10)	0. 005 (0. 28)	0. 024 *** (4. 01)
Year	控制	控制	控制	控制
Industry	控制	控制	控制	控制
常数项	− 0. 068 (− 1. 59)	− 0. 300 * (− 1. 94)	− 0. 022 (− 0. 72)	− 0. 326 *** (− 2. 82)
观测值	1440	2864	3203	5107
Adj. R-squ	0. 891	0. 814	0. 884	0. 805

注：* 表示 $p < 0.1$，** 表示 $p < 0.05$，*** 表示 $p < 0.01$。

资料来源：根据国泰安数据库公布的我国上市公司财务数据并通过 Stata 软件处理得出。

3. 高管薪酬激励、供应链集中度与营运资金偏离程度的回归结果

表4-7（a）给出高管薪酬激励下供应链集中度对营运资金偏离程度影响的检验结果，当解释变量为供应商集中度（Supplier）时，高薪酬激励组（Dsalary=1）下供应商集中度对营运资金偏离程度的回归系数为0.029，系数为正且在5%的水平上显著，而低薪酬激励组（Dsalary=0）下供应商集中度对营运资金偏离程度的回归系数为0.036，系数为正且在1%的水平上显著，说明无论是高薪酬激励还是低薪酬激励，供应商集中度对营运资金偏离程度的影响都是正向的，但高薪酬激励下这种偏离程度相对较低（0.029<0.036），说明高管薪酬激励有利于减缓供应商集中度对营运资金偏离程度的影响，对降低营运资金管理风险起到治理作用，表4-7（b）中供应商集中度下交互项 $SCC_{t-1} \times Salary_{t-1}$ 的系数为 -0.099，系数为负且在10%的水平上显著，进一步证实了这一治理效应的存在。当解释变量为客户集中度（Customer）时，这一治理效应虽然存在，但相对较弱且不明显。

表4-7（a）　　　　　　**高管薪酬激励、供应链集中度与营运**
资金偏离程度的回归结果

变量	被解释变量营运资金偏离程度（Dev）			
	解释变量为 Supplier		解释变量为 Customer	
	Dsalary=1	Dsalary=0	Dsalary=1	Dsalary=0
SCC_{t-1}	0.029 ** (2.13)	0.036 *** (2.78)	0.018 * (1.70)	0.019 ** (2.14)
Size	-0.008 ** (-2.32)	-0.012 *** (-3.71)	-0.013 *** (-5.61)	-0.010 *** (-4.61)
Grow	0.010 (1.26)	-0.001 (-0.09)	0.009 (1.42)	-0.001 (-0.14)
Cflow	0.039 (1.00)	0.051 (1.39)	0.034 (1.09)	0.063 ** (2.15)
Lev	0.051 ** (2.57)	0.065 *** (3.35)	0.071 *** (5.06)	0.053 *** (3.68)
Fa	-0.110 *** (-4.97)	-0.124 *** (-6.66)	-0.108 *** (-6.44)	-0.108 *** (-7.40)

续表

变量	被解释变量营运资金偏离程度（Dev）			
	解释变量为 Supplier		解释变量为 Customer	
	Dsalary = 1	Dsalary = 0	Dsalary = 1	Dsalary = 0
Roa	0.014 (0.23)	0.076 (1.22)	0.081 (1.62)	0.085* (1.68)
Re	−0.019 (−1.56)	−0.048*** (−3.55)	−0.018** (−2.10)	−0.050*** (−3.96)
Fcost	0.014 (0.95)	0.020 (1.30)	0.030*** (3.20)	0.022** (2.13)
State	0.008 (1.19)	0.008 (1.38)	0.011** (2.15)	0.004 (0.80)
Year	控制	控制	控制	控制
Industry	控制	控制	控制	控制
常数项	0.207*** (3.16)	0.426*** (5.83)	0.330*** (6.52)	0.382*** (6.70)
观测值	2040	2146	3975	4112
Adj. R-squ	0.168	0.181	0.149	0.141

注：* 表示 $p < 0.1$，** 表示 $p < 0.05$，*** 表示 $p < 0.01$。
资料来源：根据国泰安数据库公布的我国上市公司财务数据并通过 Stata 软件处理得出。

表 4 - 7（b）　　高管薪酬激励、供应链集中度与营运

资金偏离程度的回归结果

变量	被解释变量营运资金偏离程度（Dev）		
	解释变量为 Supplier	解释变量为 Customer	解释变量为 SC
SCC_{t-1}	0.074*** (2.67)	0.024 (1.13)	0.127*** (3.24)
$Salary_{t-1}$	0.0365 (1.25)	0.013 (0.66)	0.061* (1.72)
$SCC_{t-1} \times Salary_{t-1}$	−0.099* (−1.73)	−0.013 (−0.26)	−0.199** (−2.20)
Size	−0.010*** (−4.28)	−0.011*** (−6.66)	−0.009*** (−3.70)

变量	被解释变量营运资金偏离程度（Dev）		
	解释变量为 Supplier	解释变量为 Customer	解释变量为 SC
Grow	0.005 (0.89)	0.004 (0.92)	0.003 (0.49)
Cflow	0.051 * (1.87)	0.048 ** (2.19)	0.049 * (1.78)
Lev	0.056 *** (3.88)	0.063 *** (6.03)	0.053 *** (3.63)
Fa	0.118 *** (−8.00)	−0.110 *** (−9.37)	−0.112 *** (−7.62)
Roa	0.031 (0.69)	0.070 ** (1.98)	0.022 (0.50)
Re	−0.027 *** (−3.08)	−0.029 *** (−3.76)	−0.028 *** (−3.19)
Fcost	0.019 * (1.76)	0.027 *** (3.78)	0.011 (0.94)
State	0.008 * (1.76)	0.007 * (1.86)	0.006 (1.29)
Year	控制	控制	控制
Industry	控制	控制	控制
常数项	0.266 *** (4.40)	0.345 *** (7.78)	0.224 *** (4.24)
观测值	4186	8087	3980
Adj. R-squ	0.154	0.137	0.146

注：* 表示 $p<0.1$，** 表示 $p<0.05$，*** 表示 $p<0.01$。

资料来源：根据国泰安数据库公布的我国上市公司财务数据并通过 Stata 软件处理得出。

4. 高管薪酬激励、供应链集中度与营运资金偏离程度的回归结果

表 4 – 8 给出高管薪酬激励下供应链集中度对营运资金调整速度影响的检验结果，当解释变量为供应商集中度（Supplier）时，高薪酬激励组（Dsalary = 1）下供应商集中度与营运资金需求交互项（$Wcr_{t-1} \times SCC_{t-1}$）的系数为 −0.208，系数为负且在 1% 的水平上显著；低薪酬激励组（Dsalary = 0）下供应商集中

度与营运资金需求交互项（$Wcr_{t-1} \times SCC_{t-1}$）的系数为 -0.012，系数为负但不显著。当解释变量为客户集中度（Customer）时，高薪酬激励组（$Dsalary = 1$）下客户集中度与营运资金需求交互项（$Wcr_{t-1} \times SCC_{t-1}$）的系数为 -0.171，系数为负且在 1% 的水平上显著；低薪酬激励组（$Dsalary = 0$）下客户集中度与营运资金需求交互项（$Wcr_{t-1} \times SCC_{t-1}$）的系数为 -0.073，系数为负但不显著。以上结果均表明高管薪酬激励在供应链集中度影响营运资金调整速度方面发挥了调节效应，高管薪酬激励程度越高，供应链集中度促使营运资金进行调整的速度越快。因此，假设 4 - 4 的推断得到了实证支持。

表 4 - 8　　高管薪酬激励、供应链集中度与营运资金调整速度的回归结果

变量	被解释变量营运资金需求（Wcr）			
	解释变量为 Supplier		解释变量为 Customer	
	Dsalary = 1	Dsalary = 0	Dsalary = 1	Dsalary = 0
Wcr_{t-1}	0.860 *** (27.11)	0.825 *** (37.25)	0.833 *** (36.26)	0.820 *** (51.30)
SCC_{t-1}	0.037 ** (2.37)	-0.003 (-0.31)	0.020 ** (2.06)	0.014 * (1.66)
$Wcr_{t-1} \times SCC_{t-1}$	-0.208 *** (-2.99)	-0.012 (-0.22)	-0.171 *** (-2.99)	-0.073 (-1.56)
Size	0.004 * (1.83)	0.006 *** (3.88)	0.006 *** (3.32)	0.006 *** (5.05)
Grow	-0.039 *** (-3.69)	-0.056 *** (-6.66)	-0.043 *** (-4.78)	-0.056 *** (-8.07)
Cflow	-0.541 *** (-19.31)	-0.599 *** (-23.05)	-0.572 *** (-24.81)	-0.563 *** (-26.74)
Lev	-0.079 *** (-4.59)	-0.084 *** (-5.71)	-0.084 *** (-6.61)	-0.089 *** (-7.61)
Fa	-0.016 (-0.88)	-0.010 (-0.67)	-0.005 (-0.40)	-0.015 (-1.38)
Roa	0.437 *** (8.32)	0.493 *** (10.64)	0.490 *** (11.37)	0.464 *** (11.96)

变量	被解释变量营运资金需求（Wcr）			
	解释变量为 Supplier		解释变量为 Customer	
	Dsalary = 1	Dsalary = 0	Dsalary = 1	Dsalary = 0
Re	0. 025 ** (2. 11)	0. 002 (0. 20)	0. 023 *** (3. 38)	0. 010 (1. 23)
Fcost	0. 033 *** (2. 67)	0. 005 (0. 57)	0. 022 *** (2. 76)	0. 009 (1. 25)
State	− 0. 007 (− 1. 63)	0. 001 (0. 23)	− 0. 008 ** (− 2. 45)	0. 0001 (0. 04)
Year	控制	控制	控制	控制
Industry	控制	控制	控制	控制
常数项	− 0. 007 (− 0. 14)	− 0. 026 (− 0. 70)	− 0. 070 * (− 1. 73)	− 0. 013 (− 0. 46)
观测值	2040	2146	3975	4112
Adj. R-equ	0. 831	0. 878	0. 828	0. 867

注：* 表示 $p < 0.1$，** 表示 $p < 0.05$，*** 表示 $p < 0.01$。
资料来源：根据国泰安数据库公布的我国上市公司财务数据并通过 Stata 软件处理得出。

4.4 稳健性检验

4.4.1 改变解释变量的度量方法的稳健性检验

为进一步检验假设 4 - 1 和假设 4 - 2 的正确性，采用企业前五大供应商采购占比的赫芬达尔指数（Sup_h）、前五大客户销售占比的赫芬达尔指数（Cus_h）及前五大供应商及客户总和的赫芬达尔指数（SC_h）分别作为供应商集中度、客户集中度及供应链整体集中度的代理变量，对假设 4 - 1、假设 4 - 2、假设 4 - 3 及假设 4 - 4 进行检验。检验结果如表 4 - 9 至表 4 - 12 所示。

1. 产权性质下供应链集中度对营运资金偏离程度影响的稳健性检验

表 4 - 9 给出了不同产权性质下供应链集中度对营运资金偏离程度影响差异的稳健性回归结果。由表 4 - 9 可以看出，当解释变量为 Sup_h 时，国有组下供应商集中度的回归系数为 0.053，系数为正但不显著，非国有组下供应商集中度的回归系数为 0.096，系数为正且在 1% 的水平上显著。当解释变量为 Cus_h 时，国有组下客户集中度的回归系数为 0.010，系数为正但不显著，非国有组下客户集中度的回归系数为 0.063，系数为正且在 1% 的水平上显著。以上结果表明，相对于国有企业而言，供应链集中度对营运资金偏离程度的影响在非国有企业中更为明显。因此，假设 4 - 1 的推断具有可靠性。

表 4 - 9　　产权性质下供应链集中度对营运资金偏离程度影响的回归结果

变量	被解释变量营运资金偏离程度（Dev）			
	解释变量为 Sup_h		解释变量为 Cus_h	
	State = 1	State = 0	State = 1	State = 0
SC_{t-1}	0.053 (1.45)	0.096 *** (3.14)	0.010 (0.42)	0.063 *** (2.91)
Size	-0.010 *** (-2.81)	-0.008 *** (-2.69)	-0.011 *** (-4.59)	-0.012 *** (-5.00)
Grow	-0.032 ** (-2.33)	0.010 * (1.66)	-0.041 *** (-3.30)	0.011 ** (2.03)
Cflow	-0.014 (-0.28)	0.093 *** (2.88)	-0.007 (-0.18)	0.085 *** (3.21)
Lev	0.069 *** (2.73)	0.048 *** (2.80)	0.068 *** (3.71)	0.062 *** (4.87)
Fa	-0.137 *** (-5.11)	-0.123 *** (-6.65)	-0.094 *** (-4.81)	-0.132 *** (-8.72)
Roa	0.153 * (1.87)	-0.062 (-1.28)	0.156 ** (2.54)	0.032 (0.76)
Re	-0.035 (-1.50)	-0.024 ** (-2.26)	-0.029 * (-1.85)	-0.029 *** (-3.38)

续表

变量	被解释变量营运资金偏离程度（Dev）			
	解释变量为 Sup_h		解释变量为 Cus_h	
	State = 1	State = 0	State = 1	State = 0
Fcost	− 0.039 （ − 0.77）	0.030 *** （2.66）	− 0.021 （ − 0.65）	0.034 *** （4.56）
Year	控制	控制	控制	控制
Industry	控制	控制	控制	控制
常数项	0.221 *** （3.10）	0.427 *** （4.76）	0.349 *** （6.47）	0.482 *** （4.41）
观测值	1446	2872	3207	5110
Adj. R-squ	0.231	0.157	0.154	0.156

注：* 表示 $p < 0.1$，** 表示 $p < 0.05$，*** 表示 $p < 0.01$。
资料来源：根据国泰安数据库公布的我国上市公司财务数据并通过 Stata 软件处理得出。

2. 产权性质下供应链集中度对营运资金调整速度影响的稳健性检验

表 4 – 10 给出了不同产权性质下供应链集中度对营运资金调整速度影响差异的稳健性回归结果。由表 4 – 10 可以看出，当解释变量为 Sup_h 时，国有组下供应商集中度与滞后一期营运资金需求（Wcr_{t-1}）的交互项 $Wcr_{t-1} \times SCC_{t-1}$ 的回归系数为 0.057，系数为正但不显著，非国有组下供应商集中度与滞后一期营运资金需求（Wcr_{t-1}）的交互项 $Wcr_{t-1} \times SCC_{t-1}$ 的回归系数为 − 0.430，系数为负且在 1% 的水平上显著。当解释变量为 Cus_h 时，国有组下客户集中度与滞后一期营运资金需求（Wcr_{t-1}）的交互项 $Wcr_{t-1} \times SCC_{t-1}$ 的回归系数为 − 0.037，系数为负但不显著，非国有组下客户集中度与滞后一期营运资金需求（Wcr_{t-1}）的交互项 $Wcr_{t-1} \times SCC_{t-1}$ 的回归系数为 − 0.343，系数为负且在 5% 的水平上显著。以上结果表明，相对于国有企业而言，供应链集中度对营运资金调整速度的影响在非国有企业中更为明显。因此，假设 4 – 2 的推断具有可靠性。

表 4 –10 **产权性质下供应链集中度对营运资金需求**

调整速度影响的稳健性检验结果

变量	被解释变量营运资金需求（Wcr）			
	解释变量为 Sup_h		解释变量为 Cus_h	
	State = 1	State = 0	State = 1	State = 0
Wcr_{t-1}	0.837 ***	0.803 ***	0.849 ***	0.779 ***
	(38.27)	(47.77)	(62.20)	(49.23)
SCC_{t-1}	−0.017	0.100 ***	0.013	0.025
	(−0.83)	(2.87)	(1.17)	(1.04)
$Wcr_{t-1} \times SCC_{t-1}$	0.057	−0.430 ***	−0.037	−0.343 **
	(0.63)	(−3.66)	(−0.47)	(−2.55)
Size	0.006 ***	0.007 ***	0.004 ***	0.007 ***
	(3.06)	(3.17)	(3.14)	(4.02)
Grow	−0.053 **	−0.045 ***	−0.047 ***	−0.049 ***
	(−2.27)	(−6.49)	(−3.24)	(−7.96)
Cflow	−0.554 ***	−0.588 ***	−0.556 ***	−0.576 ***
	(−14.81)	(−24.84)	(−24.61)	(−28.47)
Lev	−0.078 ***	−0.087 ***	−0.060 ***	−0.096 ***
	(−3.89)	(−6.00)	(−4.74)	(−7.74)
Fa	−0.015	−0.013	0.002	−0.020
	(−0.76)	(−0.88)	(0.17)	(−1.59)
Roa	0.447 ***	0.452 ***	0.547 ***	0.433 ***
	(6.99)	(10.50)	(11.66)	(12.13)
Re	0.005	0.019 *	0.005	0.021 ***
	(0.33)	(1.77)	(0.42)	(3.12)
Fcost	0.036	0.025 ***	0.004	0.023 ***
	(1.57)	(2.86)	(0.24)	(3.85)
Year	控制	控制	控制	控制
Industry	控制	控制	控制	控制
常数项	−0.069 *	−0.253	−0.013	−0.317 **
	(−1.68)	(−1.63)	(−0.44)	(−2.54)
观测值	1446	2872	3207	5110
Adj. R-squ	0.891	0.813	0.884	0.805

注：* 表示 p < 0.1，** 表示 p < 0.05，*** 表示 p < 0.01。

资料来源：根据国泰安数据库公布的我国上市公司财务数据并通过 Stata 软件处理得出。

3. 高管薪酬激励下供应链集中度对营运资金偏离程度影响的稳健性检验

表 4 - 11 （a）给出高管薪酬激励下供应链集中度对营运资金偏离程度影响的稳健性检验结果，当解释变量为供应商集中度（Sup_h）时，高薪酬激励组（Dsalary = 1）下供应商集中度对营运资金偏离程度的回归系数为 0. 038，系数为正但不显著，而低薪酬激励组（Dsalary = 0）下供应商集中度对营运资金偏离程度的回归系数为 0. 112，系数为正且在 1% 的水平上显著，说明无论是高薪酬激励还是低薪酬激励，供应商集中度对营运资金偏离程度的影响都正向的，高管薪酬激励有利于减缓供应商集中度对营运资金偏离程度的影响，对降低营运资金管理风险起到一定程度的治理作用。表 4 - 11 （b）中供应商集中度下交互项 $SCC_{t-1} \times Salary_{t-1}$ 的系数为 - 0. 085，系数为负且在 5% 水平上显著，证实了这一治理效应的存在。当解释变量为客户集中度（Cus_h）时，这一治理效应虽然存在，但相对较弱且不明显。假设 4 - 3 的推断进一步得到了证实。

表 4 - 11 （a）　　　高管薪酬激励下供应链集中度对营运资金偏离程度影响的回归结果

变量	被解释变量营运资金偏离程度（Dev）			
	解释变量为 Sup_h		解释变量为 Cus_h	
	Dsalary = 1	Dsalary = 0	Dsalary = 1	Dsalary = 0
SCC_{t-1}	0. 038 (1. 15)	0. 112 *** (3. 70)	0. 043 * (1. 89)	0. 044 ** (2. 28)
Size	- 0. 008 ** (- 2. 58)	- 0. 013 *** (- 3. 77)	- 0. 013 *** (- 5. 80)	- 0. 009 *** (- 4. 25)
Grow	0. 009 (1. 17)	- 0. 0003 (- 0. 04)	0. 013 * (1. 89)	- 0. 005 (- 0. 73)
Cflow	0. 030 (0. 76)	0. 076 ** (2. 18)	0. 013 (0. 42)	0. 087 *** (2. 97)
Lev	0. 047 ** (2. 51)	0. 062 *** (3. 26)	0. 071 *** (5. 24)	0. 050 *** (3. 28)
Fa	- 0. 101 *** (- 4. 62)	- 0. 136 *** (- 7. 25)	- 0. 098 *** (- 5. 79)	- 0. 127 *** (- 8. 79)

变量	被解释变量营运资金偏离程度（Dev）			
	解释变量为 Sup_h		解释变量为 Cus_h	
	Dsalary = 1	Dsalary = 0	Dsalary = 1	Dsalary = 0
Roa	0.062 (1.05)	0.007 (0.11)	0.123 ** (2.40)	0.029 (0.64)
Re	−0.017 (−1.45)	−0.049 *** (−3.77)	−0.017 ** (−1.97)	−0.053 *** (−4.36)
Fcost	0.013 (0.86)	0.028 * (1.88)	0.029 *** (3.04)	0.026 ** (2.47)
State	0.008 (1.25)	0.007 (1.18)	0.010 * (1.94)	0.004 (0.87)
Year	控制	控制	控制	控制
Industry	控制	控制	控制	控制
常数项	0.224 *** (3.49)	0.352 *** (4.69)	0.324 *** (6.98)	0.372 *** (6.27)
观测值	1987	2213	3897	4197
Adj. R-squ	0.146	0.205	0.148	0.152

注：* 表示 $p < 0.1$，** 表示 $p < 0.05$，*** 表示 $p < 0.01$。
资料来源：根据国泰安数据库公布的我国上市公司财务数据并通过 Stata 软件处理得出。

表 4 – 11（b）　高管薪酬激励下供应链集中度对营运资金偏离程度影响的回归结果

变量	被解释变量营运资金偏离程度（Dev）	
	解释变量为 Sup_h	解释变量为 Cus_h
SCC_{t-1}	0.117 *** (4.04)	0.044 ** (2.42)
$Salary_{t-1}$	0.008 ** (2.00)	0.004 (1.37)
$SCC_{t-1} \times Salary_{t-1}$	−0.085 ** (−2.30)	−0.001 (−0.04)
Size	−0.010 *** (−4.33)	−0.012 *** (−6.86)

续表

变量	被解释变量营运资金偏离程度（Dev）	
	解释变量为 Sup_h	解释变量为 Cus_h
Grow	0.004 (0.77)	0.005 (0.94)
Cflow	0.052 * (1.92)	0.048 ** (2.19)
Lev	0.056 *** (3.87)	0.064 *** (6.10)
Fa	− 0.120 *** (− 8.09)	− 0.112 *** (− 9.53)
Roa	0.028 (0.64)	0.071 ** (1.99)
Re	− 0.026 *** (− 2.98)	− 0.028 *** (− 3.75)
Fcost	0.021 * (1.92)	0.027 *** (3.77)
State	0.008 * (1.67)	0.007 * (1.89)
Year	控制	控制
Industry	控制	控制
常数项	0.292 *** (5.08)	0.354 *** (8.42)
观测值	4200	8094
Adj. R-squ	0.155	0.138

注：＊表示 $p < 0.1$，＊＊表示 $p < 0.05$，＊＊＊表示 $p < 0.01$。

资料来源：根据国泰安数据库公布的我国上市公司财务数据并通过 Stata 软件处理得出。

4. 高管薪酬激励下供应链集中度对营运资金调整速度影响的稳健性检验

表 4 - 12 给出高管薪酬激励下供应链集中度对营运资金调整速度影响的稳健性检验结果，当解释变量为供应商集中度（Sup_h）时，高薪酬激励组（Dsalary = 1）下供应商集中度与营运资金需求交互项（$Wcr_{t-1} \times SCC_{t-1}$）的系数为 -0.404，系数为负且在 1% 的水平上显著；低薪酬激励组（Dsalary = 0）

下供应商集中度与营运资金需求交互项（$Wcr_{t-1} \times SCC_{t-1}$）的系数为 -0.111，系数为负但不显著。当解释变量为客户集中度（Cus_h）时，高薪酬激励组（Dsalary = 1）下客户集中度与营运资金需求交互项（$Wcr_{t-1} \times SCC_{t-1}$）的系数为 -0.364，系数为负且在1%的水平上显著；低薪酬激励组（Dsalary = 0）下客户集中度与营运资金需求交互项（$Wcr_{t-1} \times SCC_{t-1}$）的系数为 -0.004，系数为负但不显著。以上结果表明高管薪酬激励在供应链集中度影响营运资金调整速度方面发挥了调节效应，高管薪酬激励程度越高，供应链集中度促使营运资金进行调整的速度越快。因此，假设 4 - 4 的推断进一步得到了证实。

表 4 - 12　　　　　高管薪酬激励下供应链集中度对营运
资金调整速度影响的回归结果

| 变量 | 被解释变量营运资金需求（Wcr） | | | |
| | 解释变量为 Supplier | | 解释变量为 Customer | |
	Dsalary = 1	Dsalary = 0	Dsalary = 1	Dsalary = 0
Wcr_{t-1}	0.813 *** (39.36)	0.818 *** (52.86)	0.801 *** (48.42)	0.817 *** (69.59)
SCC_{t-1}	0.072 * (1.90)	0.015 (0.64)	0.028 (1.38)	0.010 (0.64)
$Wcr_{t-1} \times SCC_{t-1}$	-0.404 *** (-2.70)	-0.111 (-1.06)	-0.364 *** (-2.63)	-0.004 (-0.04)
Size	0.005 ** (2.08)	0.004 ** (2.52)	0.006 *** (3.18)	0.006 *** (4.87)
Grow	-0.043 *** (-4.13)	-0.049 *** (-5.86)	-0.046 *** (-5.16)	-0.052 *** (-7.42)
Cflow	-0.561 *** (-19.31)	-0.581 *** (-23.43)	-0.580 *** (-24.07)	-0.565 *** (-27.69)
Lev	-0.084 *** (-4.91)	-0.072 *** (-4.73)	-0.082 *** (-6.56)	-0.084 *** (-7.07)
Fa	-0.008 (-0.46)	-0.017 (-1.10)	-0.010 (-0.76)	-0.008 (-0.75)

续表

变量	被解释变量营运资金需求（Wcr）			
	解释变量为 Supplier		解释变量为 Customer	
	Dsalary = 1	Dsalary = 0	Dsalary = 1	Dsalary = 0
Roa	0.459 *** (8.99)	0.483 *** (10.72)	0.496 *** (11.91)	0.462 *** (11.08)
Re	0.024 * (1.96)	0.004 (0.44)	0.021 *** (3.09)	0.017 * (1.89)
Fcost	0.031 *** (2.71)	0.010 (1.06)	0.019 ** (2.40)	0.011 (1.56)
State	−0.004 (−0.88)	−0.002 (−0.58)	−0.005 (−1.62)	−0.002 (−0.83)
Year	控制	控制	控制	控制
Industry	控制	控制	控制	控制
常数项	−0.018 (−0.37)	−0.012 (−0.32)	−0.0442 (−1.19)	−0.013 (−0.44)
观测值	1987	2213	3897	4197
Adj. R-squ	0.836	0.870	0.825	0.866

注：* 表示 $p < 0.1$，** 表示 $p < 0.05$，*** 表示 $p < 0.01$。
资料来源：根据国泰安数据库公布的我国上市公司财务数据并通过 Stata 软件处理得出。

4.4.2 改变被解释变量的度量方法的稳健性检验

1. 采用经行业调整的营运资金需求作为营运资金需求变量的稳健性检验

营运资金需求可能因行业因素存在着较大的差异，为此剔除行业因素的影响，以每年度企业营运资金需求减去行业平均值作为该年度营运资金需求，对假设 4 - 1 至假设 4 - 4 重新进行检验，检验结果依然稳健，结论依然成立。

2. 采用经行业调整的季节营运资金需求均值作为营运资金需求变量的稳健性检验

企业营运资金需求不仅受行业因素的影响，也可能受季节性因素的影响。采用每季度营运资金需求的平均值作为营运资金需求，并对其进行行业调整，最终采用经行业调整的季度营运资金需求的平均值作为营运资金需求的代理变量，对假设 4 – 1 至假设 4 – 4 重新进行检验，检验结果依然稳健，结论依然成立。

4.5 本章小结

本章以我国 A 股上市公司 2007 ~ 2020 年的数据，实证检验了公司治理视角下供应链集中度对营运资金动态调整的影响，分别从产权制度和高管薪酬激励两个方面进行了研究。

从产权制度视角进行研究后发现，国有企业营运资金偏离目标水平可能降低，非国有企业在与大客户或供应商交易过程中营运资金偏离目标水平程度更为明显；而在营运资金调整速度方面，表现出供应链集中度对营运资金调整速度在非国有企业中更加明显的特征。

从薪酬激励角度进行研究后发现，薪酬激励对供应链集中度影响营运资金的偏离程度具有一定调节效应，当薪酬激励程度较高时，供应链集中度对营运资金偏离程度的影响有所减弱，此效应在供应商集中度下较为明显，而在客户集中度下没有发现有显著的效果，但从整体上来看，该效果也较为明显。该效应产生的原因可能是供应链集中度带来的营运资金偏离使企业的风险增加及资金使用效率下降，在管理者报酬与公司业绩挂钩的情况下，薪酬激励有助于激励管理者增强营运资金管理的意识，预防营运资金过度偏离给企业带来负面影响。而从薪酬激励对供应链集中度影响营运资金调整速度的调节效应来看，高管薪酬激励下，供应商集中度、客户集中度及供应链整体集中度对营运资金调整速度的影响均比低薪酬激励下更为明显。该效应产生的原因一方面是薪酬激励作为改善公司治理水平的因素有利于向供应链上下游传递企业健康发展的积极信号，增进企业与大供应商和大客户之间的信任与合作，降低了营运资金调整的阻力和成本；另一方面是高薪酬激励使高管报酬与企业业绩关联程度加深，而对营运资金的偏离进行调整有利于实现价值最大化，激发了高管加强供应链关系管理的积极性，加快了高管对营运资金偏离程度进行调整的速度。

　　为验证以上结论的可靠性，分别使用解释变量与被解释变量的代理变量进行重新测试，检验结果依然有力地支持了以上结论。本章研究结论进一步深化了对供应链集中度影响营运资金动态调整机理的认识，在实践中对国有企业改善公司治理、提高营运资金管理绩效具有一定的启示意义，同时也为我国上市公司通过实施薪酬激励措施、激发高管加强供应链关系管理、提高营运资金管理水平提供了证据。

第5章 市场地位、供应链集中度
与营运资金动态调整

供应链集中度对营运资金动态调整的影响主要是基于供应链主体之间的竞争效应与合作效应，竞争效应主要来自双方交易中的议价能力对比，合作效应主要基于二者之间的利益共存关系。而企业在行业中的市场地位通常会对企业与上游供应商及下游客户之间的议价能力及合作关系产生影响，进而对供应链集中度影响营运资金动态调整的效果产生影响。本章将基于企业市场地位的差异进一步探讨供应链集中度对营运资金动态调整的影响效果。

5.1 理论分析与研究假说

5.1.1 市场地位对供应链集中度影响营运资金偏离程度的效应分析

供应链集中度对企业营运资金偏离程度的影响会因企业市场地位不同而有所差异。通常情况下，供应商或客户集中度的提高会使企业在合作过程中的议价能力降低，为维持业务稳定，企业通常要给予供应商或客户较多让步，企业难以从上游大供应商处获得更优惠的商业信用而又易于被迫提供给下游大客户较多商业信用，从而使企业的营运资金占用水平与期限较大程度地偏离目标水平。对市场地位高的企业而言，其供应商或客户集中度对营运资金偏离程度的影响是有限的，原因主要有两个方面。第一，市场地位高的企业通常是行业中的领导者，有较高的技术水平和宽广的销售渠道，市场竞争力较强，在与大供应商及客户交易过程中有较大的话语权。陈金龙（2014）等学者的研究表明，市场地位高的企业凭借自身优势容易从上游供应商处获得更多的商业信用而给予下游客户较少的商业信用。市场地位高的企业由于高质量的产品和宽广的销售网络等优势不会担心客户流失而在谈判中屈服让步（张勇，2014），不会提供更多的商业信用给下游客户，同时由于自身行业地位优势更容易取得与更多供应商的合作，从而在与上游供应商谈判中议价能力较强。第二，市场地位高的企业具有较强的抗击市场风险的能力，缓冲了供应链集中度带来的不利后果。市场地位高的企业通常有较高的市场占有率，获利能力较强，增强了其外部融资能力，无论是信贷资源配置还是资本市场融资都较为容易（祝继高，2009；潘红波、余明桂，2010），这种盈利能力及融资优势使得市场地位高的企业具有较强的抗击供应链中断的风险，从而赋予高市场地位企业对抗大供应商或大客户胁迫的能力，削弱了大供应商或大客户在谈判中的议价水平（刘慧凤、黄幸宇，2017），抑制了供应链集中度导致的营运资金偏离程度。相反，市场地位低的企业由于较低的市场竞争力及较低的抗风险能力，易于在大客户或供应商面前让步，其营运资金更容易偏离目标水平。根据以上分析提出以下假设：

假设5-1：相对于市场地位高的企业而言，供应链集中度对营运资金偏离程度的影响在企业市场地位低的企业中表现更为明显。

5.1.2　市场地位对供应链集中度影响营运资金调整速度的效应分析

在市场经济条件下，企业的市场地位很大程度上体现着企业的市场竞争力，并集中反映了企业技术水平、产品服务质量、营销能力及财务实力等，在营运资金管理活动中，市场地位不仅会对供应链集中度与营运资金偏离程度的关系产生影响，也会对供应链集中度与营运资金调整速度的关系产生影响。

市场地位对供应链集中度影响营运资金调整速度的效应主要基于以下路径。首先，不同市场地位的企业对供应链集中度引起的营运资金偏离的敏感程度不同。市场地位低的企业通常情况下面临着较高的市场竞争，为避免大客户流失或供应商供货中断，对大客户或供应商的依赖性较高，导致供应链中的议价地位更低（Kelly and Gosman，2000），营运资金偏离目标水平的程度更高，而较高的偏离往往会带来更大的风险与效率损失，因此市场地位低的企业对营运资金的偏离更加敏感，基于风险防范及提高经营效率的角度考虑，其对营运资金调整的速度会更加积极。相反，市场地位高的企业在与上下游企业交易的过程中，优越的竞争条件使其对大供应商或客户的依赖性降低，交易中不易向大供应商或客户让步（Fisman，2004；陈金龙、周兴，2014；张勇，2014），较低的营运资金偏离程度及较强的抗风险能力使其对营运资金需求的偏离并不敏感，对营运资金调整速度也不像市场地位低的企业那样积极。其次，不同市场地位的企业面临的外部融资环境不同，进而影响营运资金的调整速度。较高供应链集中度导致企业较多的营运资金占用，可能引发企业资金缺乏，企业在资金缺乏的情况下为维持正常运行必须通过不同的融资渠道解决。通常情况下市场地位高的企业经营状况较好、财务实力较强，更容易获得信贷资源配置及资本市场融资，融资约束程度较小（张新民，2012），其追加投资时挤占营运活动的资金压力较小；而市场地位低的企业由于经营状况较差，获得外部融资较为困难，在追加投资时更有可能诉诸对营运资金调整来满足需要（刘康兵，2012）。最后，激烈的市场竞争环境下，市场地位低的企业为了生存会更加注重供应链关系的建设与维护，加强与上下游供应商及客户尤其是大供应商及客户的合作与交流，促进双方关系的协调，有利于降低营运资金调整的难度与成本。另外，市场地位低的企业由于竞争能力较弱，本身面临风险就比较高，同时较高的供应链集中度往往会给这样的企业带来额外风险，而市场地位低的企业承受风险的能力也较弱，为避免风险叠加可能产生的不利后果，市场地位低的企业可能会选择对营运资金进行调整以有效控制风险。根据以上分析提出以下假设：

假设 5 - 2：供应链集中度对企业营运资金调整速度的影响在不同市场地位下存在着异质性，即相对于市场地位高的企业而言，供应链集中度对营运资金调整速度的影响在市场地位低的企业中更为显著。

5.2 研究设计

5.2.1 样本选取与数据来源

本书使用面板数据，以沪深A股上市公司为研究对象，样本区间为2007～2020年，数据来源于深圳国泰安公司，在数据选择上剔除了数据不全的公司，并考虑到金融类上市公司的财务特殊性，剔除金融保险类公司；考虑到非日常经营行为的特殊影响，进一步剔除ST特别处理公司及当年发生并购或控制权转移的公司。行业分类方面，按照证监会2001年4月发布的行业分类标准进行分类。为消除异常值可能带来的影响，对连续变量在1%的水平上进行了缩尾处理，最终得到5413个有效观测值。

5.2.2 关键变量定义及度量

1. 营运资金需求

本书以营运资金需求作为被解释变量，为了客观地反映经营活动中供应链环节上营运资金的占用水平，本书借鉴巴诺斯－卡巴列罗等（2013）及吴娜（2013）等学者的做法，剔除投资活动与筹资活动的流动性项目，以经营活动中的流动资产项目总和与流动负债项目总和的差额除以当期的总资产表示营运资金占用水平，用符号Wcr表示。在稳健性检验中使用经行业调整的营运资金需求（Wcr_ind）及经行业调整的营运资金需求季度平均值（Wcr_si）作为反映企业营运资金需求的指标，具体指标定义及计量见表5－1。

表 5 – 1 　　　　　　　　　　　　　　被解释变量定义

变量符号	变量名称	变量计量
Wcr	营运资金需求	Wcr = [（应收账款 + 应收票据 + 其他应收款 + 预付账款 + 存货）-（应付票据 + 应付账款 + 预收账款 + 应付职工薪酬 + 应交税费 + 其他应付款）]/总资产
Dev	偏离程度	实际营运资金需求与目标营运资金需求之差的绝对值
以下变量替代被解释变量用于稳健性检验		
Wcr_ind	经行业调整的营运资金需求	各年度营运资金需求减去行业中位数
Wcr_si	经行业调整的营运资金需求季度平均值	各年度四个季度营运资金需求平均值减去行业平均值

2. 供应链集中度

　　分别以公司的前五大客户销售额之和占全部销售额的比例、前五大客户销售比的赫芬达尔指数作为衡量公司客户集中度的指标；以公司的前五大供应商采购额之和占全部采购额的比例、前五大供应商采购比的赫芬达尔指数作为衡量公司供应商集中度的指标；以二者的均值作为供应链整体集中度的衡量指标。考虑到供应商集中度对营运资金动态调整的影响可能存在着滞后性及内生性问题，在动态调整模型中使用客户集中度的滞后一期值，具体指标定义及计量见表 5 – 2。

表 5 – 2 　　　　　　　　　　　　　　解释变量定义

变量符号	变量名称	变量计量
Supplier	供应商集中度	前五名供应商采购比之和
Customer	客户集中度	前五名客户销售比之和
以下变量替代解释变量用于稳健性检验		
Sup_h	供应商集中度	前五名供应商采购比平方和
Cus_h	客户集中度	前五名客户销售比平方和

3. 市场竞争程度

　　本书定义勒纳指数（Pcm）为企业的营业利润率，勒纳指数越大，代表企业在行业内的定价能力越强，企业竞争地位越高。稳健性检验中，参考邢立全和陈汉文（2013）的做法，用行业内企业当年的勒纳指数减去当年行业平均利润率得出行业超额利润率（Epcm），以此衡量企业的行业竞争地位，Epcm 越大，企业竞争地位越高，具体指标定义及计量见表 5 - 3。

表 5 - 3　　　　　　　　　　　　其他变量的定义及衡量

变量性质	变量符号	变量名称	变量计量
调节变量	Pcm	市场地位	以营业利润率衡量，营业利润率高于年度行业中位数的，视为市场地位高的样本，此时，Pcm =1；否则，Pcm =0
	Epcm	市场地位	以超营业利润率衡量，超额营业利润率高于年度行业中位数的，视为市场地位高的样本，此时，Epcm =1；否则，Epcm =0
控制变量	Size	公司规模	营业收入的自然对数
	Grow	公司成长性	（期末总资产 - 期初总资产）/期初总资产
	Cflow	现金流量	经营活动现金净流量/总资产
	Lev	财务杠杆	负债总额/资产总额
	Fa	固定资产投资	固定资产/总资产
	Roa	总资产收益率	净利润/总资产
	Re	留存收益比率	（盈余公积 + 未分配利润）/总资产
	Fcost	融资成本	财务费用/（负债 - 应付账款）

5.2.3　研究模型

为考察市场地位对供应链集中度与营运资金动态关系的影响，在偏离程度模型（第 3 章模型 3 - 5）和调整速度模型（第 3 章模型 3 - 6）的基础上对样本进行分组，分为市场地位高组（Pcm =1 或 Epcm =1 时）与市场地位低组（Pcm =0 或 Epcm =1 时），然后检验其效果。

5.3　实证结果与分析

5.3.1　描述性统计

表 5 - 4 给出了各主要变量的描述性统计结果，2007 ~ 2020 年我国上市公司营运资金需求的均值为 0.143，中位数为 0.139，标准差为 0.168，表明我国上市公司营运资金存在一定的右偏；上市公司营运资金偏离程度均值为 0.110，中位数为 0.087，最小值为 0，最大值为 0.742，标准差为 0.094，表明我国上市公司营运资金偏离程度存在着一定的差异，分布也存在较大的不平衡性。客户集中度指标 Customer 和 Cus_h 的均值分别为 0.312 和 0.056，中位数分别为 0.256 和 0.016；供应商集中度指标 Supplier 和 Sup_h 的均值分别为 0.367 和 0.064，中位数分别为 0.319 和 0.026；客户集中度与供应商集中度的最小值与最大值均分别为 0 和 1。以上表明我国上市公司供应链存在着一定程度的集中，且存在着部分公司严重依赖大客户或大供应商的情况。

表 5 - 4　　　　　　　　　　有关变量描述性统计

变量	样本量（个）	均值	中位数	标准差	最小值	最大值
Wcr	5413	0.143	0.139	0.168	- 0.452	0.746
Dev	3976	0.110	0.087	0.094	0	0.742
Customer	5413	0.312	0.256	0.220	0.001	1.000
Cus_h	5413	0.056	0.016	0.110	0	0.675
Supplier	5413	0.367	0.319	0.212	0	1.000
Sup_h	5413	0.064	0.026	0.102	0	0.608
Pcm	5413	0.064	0.061	0.188	- 2.354	0.616
Epcm	5413	- 0.017	- 0.006	0.186	- 2.412	0.456
Size	5413	21.20	21.11	1.325	16.571	25.148

变量	样本量（个）	均值	中位数	标准差	最小值	最大值
Grow	5413	0.214	0.103	0.415	−0.391	2.506
Cflow	5413	0.049	0.048	0.091	−0.273	0.352
Lev	5413	0.426	0.410	0.223	0.049	1.541
Fa	5413	0.233	0.203	0.158	0.002	0.757
Roa	5413	0.050	0.047	0.056	−0.244	0.234
Re	5413	0.119	0.155	0.313	−2.606	0.482
Fcost	5413	−0.018	0.030	0.175	−0.991	0.239

注：* 表示 $p < 0.1$，** 表示 $p < 0.05$，*** 表示 $p < 0.01$。
资料来源：根据国泰安数据库公布的我国上市公司财务数据并通过 Stata 软件处理得出。

此外，本书分别以市场地位的中位数为界对样本进行划分，分为高市场地位组（Pcm = 1）和低市场地位组（Pcm = 0），然后对两组的主要变量进行描述性统计和差异分析。

从表 5 - 5 中可以看出，高市场地位组 Wcr 的均值为 0.150，低市场地位组 Wcr 的均值为 0.135，两组均值的差异为 0.014，t 值为 3.153，在 1% 的水平上显著；高市场地位组 Dev 的均值为 0.106，低市场地位组 Dev 的均值为 0.113，两组均值的差异为 − 0.007，t 值为 − 2.135，在 5% 的水平上显著；高市场地位组 Supplier 的均值为 0.360，低市场地位组 Supplier 的均值为 0.373，两组均值的差异为 − 0.012，t 值为 − 2.212，在 5% 的水平上显著；而高市场地位组 Customer 的均值为 0.312，低市场地位组 Customer 的均值为 0.310，两组均值的差异为 0.002，t 值为 0.278，二者没有表现出显著性差异。

表 5 - 5　　市场地位分组下关键变量均值、中位数差异性检验表

变量	高市场地位（Pcm = 1）			低市场地位（Pcm = 0）			差异性检验	
	样本量（个）	均值	中位数	样本量（个）	均值	中位数	均值差异	t 值
Wcr	2579	0.150	0.143	2832	0.135	0.134	0.014 ***	3.153
Dev	1912	0.106	0.087	2063	0.113	0.088	− 0.007 **	− 2.135

续表

变量	高市场地位（Pcm = 1）			低市场地位（Pcm = 0）			差异性检验	
	样本量（个）	均值	中位数	样本量（个）	均值	中位数	均值差异	t 值
Supplier	2579	0.360	0.311	2832	0.373	0.324	− 0.012 **	− 2.212
Customer	2579	0.312	0.251	2832	0.310	0.260	0.002	0.278

注：** 表示 p < 0.05，*** 表示 p < 0.01。

资料来源：根据国泰安数据库公布的我国上市公司财务数据并通过 Stata 软件处理得出。

5.3.2　回归结果分析

1. 市场地位对供应链集中度与营运资金偏离程度关系的影响

把供应商集中度（Supplier）和客户集中度（Customer）样本分别按市场地位（Pcm）分为高市场地位组（Pcm = 1）和低市场地位组（Pcm = 0），考察供应链集中度对营运资金偏离程度的影响在高市场地位与低市场地位下的差异。表 5 − 6 给出了不同市场地位下供应链集中度对营运资金偏离程度影响差异的回归结果。由表 5 − 6 可以看出，当解释变量为 Supplier 时，高市场地位组供应商集中度的回归系数为 0.017，系数为正但不显著，低市场地位组供应商集中度的回归系数为 0.042，系数为正且在 1% 的水平上显著。当解释变量为 Customer 时，高市场地位组客户集中度的回归系数为 0.010，系数为正但不显著，低市场地位组客户集中度的回归系数为 0.025，系数为正且在 5% 的水平上显著。因此，假设 5 − 1 的推断是可靠的。

表 5 − 6　　市场地位、供应链集中度与营运资金偏离程度的回归结果

变量	被解释变量营运资金偏离程度（Dev）			
	解释变量为 Supplier		解释变量为 Customer	
	Pcm = 1	Pcm = 0	Pcm = 1	Pcm = 0
SCC_{t-1}	0.017 (1.19)	0.042 *** (3.02)	0.010 (1.05)	0.025 ** (2.48)
Size	− 0.007 ** (− 2.04)	− 0.008 *** (− 2.60)	− 0.008 *** (− 3.68)	− 0.011 *** (− 5.01)

变量	被解释变量营运资金偏离程度（Dev）			
	解释变量为 Supplier		解释变量为 Customer	
	Pcm = 1	Pcm = 0	Pcm = 1	Pcm = 0
Grow	0.013 * (1.67)	−0.003 (−0.34)	0.009 * (1.66)	−0.010 (−1.09)
Cflow	−0.025 (−0.67)	0.099 ** (2.30)	0.006 (0.21)	0.066 ** (2.01)
Lev	0.026 (1.15)	0.078 *** (4.07)	0.041 ** (2.47)	0.069 *** (5.34)
Fa	−0.100 *** (−4.64)	−0.141 *** (−6.79)	−0.109 *** (−6.34)	−0.125 *** (−8.07)
Roa	0.229 *** (2.60)	−0.095 * (−1.81)	0.238 *** (3.98)	0.023 (0.47)
Re	−0.028 (−1.21)	−0.021 ** (−2.12)	−0.036 ** (−2.41)	−0.027 *** (−3.36)
Fcost	0.001 (0.08)	0.025 (1.36)	0.019 ** (2.16)	0.024 * (1.68)
Year	控制	控制	控制	控制
Industry	控制	控制	控制	控制
常数项	0.292 *** (4.46)	0.248 *** (3.14)	0.283 *** (5.35)	0.387 *** (4.90)
观测值	2004	2177	3868	4284
Adj. R-squ	0.161	0.198	0.137	0.162

注：＊表示 $p < 0.1$，＊＊表示 $p < 0.05$，＊＊＊表示 $p < 0.01$。

资料来源：根据国泰安数据库公布的我国上市公司财务数据并通过 Stata 软件处理得出。

2. 市场地位对供应链集中度与营运资金需求调整速度关系的影响

把供应商集中度（Supplier）和客户集中度（Customer）样本分别按市场地位（Pcm）分为高市场地位组（Pcm = 1）和低市场地位组（Pcm = 0），考察供应链集中度对营运资金调整速度的影响在高市场地位与低市场地位下的差异。表 5 - 7（a）给出了不同市场地位下供应链集中度对营运资金调整速度影响差异的回归结果。

由表 5 - 7（a）可以看出，当解释变量为 Supplier 时，高市场地位组供应商集中度与滞后一期营运资金需求（Wcr_{t-1}）的交互项 $Wcr_{t-1} \times SCC_{t-1}$ 的回归系数为 - 0.130，系数为负且在 5% 的水平上显著；低市场地位组供应商集中度与滞后一期营运资金需求（Wcr_{t-1}）的交互项 $Wcr_{t-1} \times SCC_{t-1}$ 的回归系数为 - 0.190，系数为负且在 1% 的水平上显著，说明无论是高市场地位企业还是低市场地位企业，供应商集中度都能显著加快营运资金的调整速度。进一步加入交互项 $Wcr_{t-1} \times SCC_{t-1} \times Pcm_{t-1}$ 后，如表 5 - 7（b）所示，发现该交互项系数为 0.091，系数为正且在 5% 的水平上显著，表明高市场地位显著减弱了供应商集中度对营运资金调整速度的影响，或低市场地位加剧了供应商集中度对营运资金调整速度的影响。

当解释变量为 Customer 时，高市场地位组客户集中度与滞后一期营运资金需求（Wcr_{t-1}）的交互项 $Wcr_{t-1} \times SCC_{t-1}$ 的回归系数为 - 0.170，系数为负且在 5% 的水平上显著；低市场地位组客户集中度与滞后一期营运资金需求（Wcr_{t-1}）的交互项 $Wcr_{t-1} \times SCC_{t-1}$ 的回归系数为 - 0.134，系数为负且在 1% 的水平上显著，说明无论是高市场地位企业还是低市场地位企业，客户集中度都能显著加快营运资金的调整速度，而进一步加入交互项 $Wcr_{t-1} \times SCC_{t-1} \times Pcm_{t-1}$ 后，如表 5 - 7（b）所示，此时该交互项系数为 0.062，系数为正但并不显著，表明高市场地位减弱了客户集中度对营运资金调整速度的影响，或低市场地位加剧了客户集中度对营运资金调整速度的影响，但效果并不明显。

以上结果表明，相对于高市场地位企业而言，供应链集中度对营运资金调整速度的影响在低市场地位企业中更为明显。因此，假设 5 - 2 的推断基本可靠。

表 5 - 7（a）　　市场地位、供应链集中度与营运资金需求调整速度的回归结果

变量	被解释变量营运资金需求（Wcr）			
	解释变量为 Supplier		解释变量为 Customer	
	Pcm = 1	Pcm = 0	Pcm = 1	Pcm = 0
Wcr_{t-1}	0.025 ** (1.98)	0.024 (1.61)	0.019 * (1.91)	0.019 * (1.92)

续表

变量	被解释变量营运资金需求（Wcr）			
	解释变量为 Supplier		解释变量为 Customer	
	Pcm = 1	Pcm = 0	Pcm = 1	Pcm = 0
SCC_{t-1}	0.858 *** (31.59)	0.863 *** (33.85)	0.824 *** (31.18)	0.851 *** (48.31)
$Wcr_{t-1} \times SCC_{t-1}$	−0.130 ** (−2.22)	−0.190 *** (−2.99)	−0.170 ** (−2.42)	−0.134 *** (−2.75)
Size	0.004 * (1.95)	0.007 *** (3.70)	0.003 * (1.84)	0.007 *** (4.69)
Grow	−0.042 *** (−5.45)	−0.066 *** (−5.31)	−0.043 *** (−6.52)	−0.066 *** (−6.83)
Cflow	−0.553 *** (−19.91)	−0.616 *** (−21.43)	−0.522 *** (−22.28)	−0.636 *** (−30.33)
Lev	−0.079 *** (−4.73)	−0.097 *** (−6.17)	−0.063 *** (−4.67)	−0.098 *** (−9.46)
Fa	0.011 (0.72)	−0.029 * (−1.71)	0.003 (0.21)	−0.021 * (−1.83)
Roa	0.639 *** (11.02)	0.444 *** (8.69)	0.496 *** (8.05)	0.516 *** (13.20)
Re	−0.032 ** (−2.34)	0.026 *** (2.82)	0.012 (0.90)	0.019 *** (3.48)
Fcost	0.011 (1.26)	0.007 (0.40)	0.016 ** (2.40)	0.002 (0.19)
Year	控制	控制	控制	控制
Industry	控制	控制	控制	控制
常数项	−0.062 (−1.28)	−0.150 (−1.54)	−0.023 (−0.67)	−0.206 * (−1.92)
观测值	2004	2177	3868	4284
Adj. R-squ	0.865	0.848	0.831	0.858

注：* 表示 $p < 0.1$，** 表示 $p < 0.05$，*** 表示 $p < 0.01$。

资料来源：根据国泰安数据库公布的我国上市公司财务数据并通过 Stata 软件处理得出。

表 5 – 7（b）　　市场地位、供应链集中度与营运资金需求调整速度的回归结果

变量	被解释变量营运资金需求（Wcr）	
	解释变量为 Supplier	解释变量为 Customer
Wcr_{t-1}	0.856 *** (45.47)	0.840 *** (56.39)
SCC_{t-1}	0.023 ** (2.26)	0.018 *** (2.73)
Pcm_{t-1}	−0.015 *** (−4.32)	−0.009 *** (−3.16)
$Wcr_{t-1} \times SCC_{t-1}$	−0.188 *** (−3.60)	−0.175 *** (−3.83)
$Wcr_{t-1} \times SCC_{t-1} \times Pcm_{t-1}$	0.091 ** (2.36)	0.062 (1.51)
Size	0.005 *** (3.39)	0.006 *** (4.82)
Grow	−0.049 *** (−7.13)	−0.048 *** (−8.79)
Cflow	−0.571 *** (−29.47)	−0.570 *** (−36.49)
Lev	−0.087 *** (−7.09)	−0.088 *** (−9.56)
Fa	−0.015 (−1.25)	−0.013 (−1.43)
Roa	0.499 *** (13.17)	0.495 *** (16.29)
Re	0.017 * (1.89)	0.020 *** (3.89)
Fcost	0.015 ** (1.99)	0.015 *** (2.66)
Year	控制	控制
Industry	控制	控制
常数项	−0.099 (−1.42)	−0.110 * (−1.93)
观测值	4180	8150
Adj. R-squ	0.851	0.844

注：* 表示 $p < 0.1$，** 表示 $p < 0.05$，*** 表示 $p < 0.01$。
资料来源：根据国泰安数据库公布的我国上市公司财务数据并通过 Stata 软件处理得出。

5.4 稳健性检验

5.4.1 改变调节变量的度量方法的稳健性检验

企业盈利水平可能受行业特点影响，以不考虑行业影响的营业利润率衡量行业市场地位可能存在一定的偏差，为此，采用经行业调整的营业利润率即超额利润率（Epcm）作为市场地位的代理变量，进一步检验假设5-1和假设5-2的可靠性。表5-8给出了以超额利润率（Epcm）作为调节变量时供应链集中度对营运资金偏离程度影响的回归结果，其结果与表5-6一致，支持假设5-1的推断。同理，表5-9（a）与表5-7（a）、表5-9（b）与表5-7（b）的结果一致，支持了假设5-2。

表5-8 市场地位对供应链集中度影响营运资金偏离程度效应的稳健性检验

变量	被解释变量营运资金偏离程度（Dev）			
	解释变量为 Supplier		解释变量为 Customer	
	Epcm = 1	Epcm = 0	Epcm = 1	Epcm = 0
SCC_{t-1}	0.014 (0.97)	0.043 *** (3.16)	0.0118 (1.21)	0.025 ** (2.43)
Size	-0.007 ** (-2.08)	-0.008 *** (-2.67)	-0.007 *** (-3.35)	-0.011 *** (-5.19)
Grow	0.013 * (1.73)	-0.001 (-0.14)	0.010 * (1.83)	-0.009 (-1.01)
Cflow	-0.024 (-0.67)	0.104 ** (2.44)	-0.005 (-0.20)	0.076 ** (2.25)
Lev	0.021 (0.95)	0.080 *** (4.17)	0.041 ** (2.42)	0.069 *** (5.29)
Fa	-0.097 *** (-4.45)	-0.143 *** (-6.87)	-0.099 *** (-5.92)	-0.133 *** (-8.56)

| 变量 | 被解释变量营运资金偏离程度（Dev） | | | |
| | 解释变量为 Supplier | | 解释变量为 Customer | |
	Epcm = 1	Epcm = 0	Epcm = 1	Epcm = 0
Roa	0.245 *** (2.79)	− 0.100 * (− 1.92)	0.238 *** (4.14)	0.023 (0.46)
Re	− 0.028 (− 1.32)	− 0.021 ** (− 2.12)	− 0.034 ** (− 2.42)	− 0.027 *** (− 3.23)
Fcost	0.002 (0.16)	0.023 (1.23)	0.017 * (1.94)	0.026 * (1.79)
Year	控制	控制	控制	控制
Industry	控制	控制	控制	控制
常数项	0.293 *** (4.52)	0.250 *** (3.18)	0.267 *** (4.93)	0.395 *** (5.05)
观测值	2002	2179	3869	4283
Adj. R-squ	0.164	0.197	0.141	0.162

注：* 表示 p<0.1，** 表示 p<0.05，*** 表示 p<0.01。
资料来源：根据国泰安数据库公布的我国上市公司财务数据并通过 Stata 软件处理得出。

表 5 – 9（a）　　市场地位对供应链集中度影响营运资金
调整速度效应的稳健性检验

| 变量 | 被解释变量营运资金偏离程度（Wcr） | | | |
| | 解释变量为 Supplier | | 解释变量为 Customer | |
	Epcm = 1	Epcm = 0	Epcm = 1	Epcm = 0
Wcr_{t-1}	0.023 * (1.82)	0.025 * (1.68)	0.019 * (1.95)	0.019 * (1.89)
SCC_{t-1}	0.858 *** (31.43)	0.863 *** (33.65)	0.826 *** (31.86)	0.848 *** (48.32)
$Wcr_{t-1} \times SCC_{t-1}$	− 0.136 ** (− 2.25)	− 0.191 *** (− 2.96)	− 0.171 ** (− 2.50)	− 0.133 *** (− 2.70)
Size	0.004 ** (2.00)	0.007 *** (3.50)	0.004 ** (2.43)	0.006 *** (4.34)

变量	被解释变量营运资金偏离程度（Wcr）			
	解释变量为 Supplier		解释变量为 Customer	
	Epcm = 1	Epcm = 0	Epcm = 1	Epcm = 0
Grow	−0.039 *** (−4.87)	−0.07 *** (−5.76)	−0.043 *** (−6.28)	−0.065 *** (−6.94)
Cflow	−0.563 *** (−19.06)	−0.607 *** (−22.17)	−0.537 *** (−22.68)	−0.623 *** (−29.11)
Lev	−0.075 *** (−4.43)	−0.097 *** (−6.20)	−0.068 *** (−5.09)	−0.095 *** (−9.12)
Fa	0.010 (0.69)	−0.029 * (−1.70)	0.001 (0.06)	−0.020 * (−1.68)
Roa	0.637 *** (10.87)	0.453 *** (8.86)	0.511 *** (8.51)	0.514 *** (13.21)
Re	−0.022 (−1.45)	0.026 *** (2.79)	0.007 (0.60)	0.021 *** (3.69)
Fcost	0.008 (0.96)	0.009 (0.56)	0.012 ** (2.23)	0.005 (0.47)
Year	控制	控制	控制	控制
Industry	控制	控制	控制	控制
常数项	−0.067 (−1.34)	−0.139 (−1.44)	−0.042 (−1.25)	−0.194 * (−1.81)
观测值	2002	2179	3869	4283
Adj. R-squ	0.864	0.849	0.830	0.857

注：* 表示 p < 0.1，** 表示 p < 0.05，*** 表示 p < 0.01。

资料来源：根据国泰安数据库公布的我国上市公司财务数据并通过 Stata 软件处理得出。

表 5-9（b）　　　　市场地位对供应链集中度影响营运资金

调整速度效应的稳健性检验

变量	被解释变量营运资金需求（Wcr）	
	解释变量为 Supplier	解释变量为 Customer
Wcr_{t-1}	0.856 *** (45.47)	0.840 *** (56.17)

续表

变量	被解释变量营运资金需求（Wcr）	
	解释变量为 Supplier	解释变量为 Customer
SCC_{t-1}	0.023 **	0.019 ***
	(2.27)	(2.74)
$Epcm_{t-1}$	−0.015 ***	−0.009 ***
	(−4.31)	(−3.04)
$Wcr_{t-1} \times SCC_{t-1}$	−0.185 ***	−0.170 ***
	(−3.52)	(−3.70)
$Wcr_{t-1} \times SCC_{t-1} \times Epcm_{t-1}$	0.082 **	0.051
	(2.15)	(1.20)
Size	0.005 ***	0.006 ***
	(3.37)	(4.81)
Grow	−0.049 ***	−0.048 ***
	(−7.15)	(−8.80)
Cflow	−0.571 ***	−0.570 ***
	(−29.59)	(−36.57)
Lev	−0.087 ***	−0.088 ***
	(−7.08)	(−9.55)
Fa	−0.015	−0.012
	(−1.27)	(−1.40)
Roa	0.500 ***	0.495 ***
	(13.25)	(16.38)
Re	0.017 *	0.020 ***
	(1.88)	(3.91)
Fcost	0.015 **	0.015 ***
	(1.96)	(2.65)
Year	控制	控制
Industry	控制	控制
常数项	−0.099	−0.111 *
	(−1.41)	(−1.93)
观测值	4180	8150
Adj. R-squ	0.851	0.844

注：* 表示 $p < 0.1$，** 表示 $p < 0.05$，*** 表示 $p < 0.01$。
资料来源：根据国泰安数据库公布的我国上市公司财务数据并通过 Stata 软件处理得出。

5.4.2 改变解释变量的度量方法的稳健性检验

为进一步检验假设 5 - 1 和假设 5 - 2 的正确性，采用企业前五大供应商采购占比的赫芬达尔指数（Sup_h）、前五大客户销售占比的赫芬达尔指数（Cus_h）分别作为供应商集中度、客户集中度的代理变量，对假设 5 - 1 和假设 5 - 2 重新进行检验。检验结果如表 5 - 10、表 5 - 11 所示。表 5 - 10 的结果与表 5 - 6 的结果对应一致，表 5 - 11 与表 5 - 7 的结果对应一致。因此，该结果进一步支持了假设 5 - 1 与假设 5 - 2。

表 5 - 10　　　　市场地位对供应链集中度影响营运资金
偏离程度效应的稳健性检验结果

变量	被解释变量营运资金偏离程度（Dev）			
	解释变量为 Sup_h		解释变量为 Cus_h	
	Epcm = 1	Epcm = 0	Epcm = 1	Epcm = 0
SCC_{t-1}	0.056 * (1.87)	0.081 ** (2.38)	0.025 (1.20)	0.056 *** (2.64)
Size	−0.006 * (−1.90)	−0.009 *** (−2.89)	−0.008 *** (−3.47)	−0.012 *** (−5.42)
Grow	0.012 (1.65)	−0.002 (−0.26)	0.011 * (1.86)	−0.008 (−0.99)
Cflow	−0.023 (−0.65)	0.106 ** (2.48)	−0.005 (−0.19)	0.077 ** (2.26)
Lev	0.018 (0.79)	0.078 *** (4.13)	0.041 ** (2.44)	0.069 *** (5.32)
Fa	−0.099 *** (−4.52)	−0.145 *** (−6.98)	−0.100 *** (−5.99)	−0.135 *** (−8.63)
Roa	0.238 *** (2.71)	−0.099 * (−1.89)	0.241 *** (4.20)	0.025 (0.49)
Re	−0.027 (−1.21)	−0.022 ** (−2.28)	−0.035 ** (−2.46)	−0.027 *** (−3.21)

变量	被解释变量营运资金偏离程度（Dev）			
	解释变量为 Sup_h		解释变量为 Cus_h	
	Epcm = 1	Epcm = 0	Epcm = 1	Epcm = 0
Fcost	0.006 (0.41)	0.026 (1.34)	0.017 * (1.95)	0.025 * (1.72)
Year	控制	控制	控制	控制
Industry	控制	控制	控制	控制
常数项	0.269 *** (4.19)	0.277 *** (3.88)	0.267 *** (4.93)	0.408 *** (5.20)
观测值	2011	2183	3874	4286
Adj. R-squ	0.162	0.196	0.140	0.163

注：* 表示 $p < 0.1$，** 表示 $p < 0.05$，*** 表示 $p < 0.01$。
资料来源：根据国泰安数据库公布的我国上市公司财务数据并通过 Stata 软件处理得出。

表 5-11　　　市场地位对供应链集中度影响营运资金
需求调整速度效应的稳健性检验结果

变量	被解释变量营运资金调整速度（Wcr）			
	解释变量为 Sup_h		解释变量为 Cus_h	
	Epcm = 1	Epcm = 0	Epcm = 1	Epcm = 0
Wcr_{t-1}	0.027 (1.19)	0.050 (1.45)	0.024 (1.31)	0.025 (1.20)
SCC_{t-1}	0.825 *** (44.27)	0.816 *** (41.91)	0.795 *** (43.46)	0.818 *** (61.65)
$Wcr_{t-1} \times SCC_{t-1}$	−0.263 ** (−2.36)	−0.382 *** (−2.75)	−0.339 ** (−1.96)	−0.196 * (−1.72)
Size	0.004 * (1.83)	0.007 *** (3.56)	0.004 ** (2.44)	0.006 *** (4.37)
Grow	−0.037 *** (−4.92)	−0.067 *** (−5.62)	−0.044 *** (−6.43)	−0.065 *** (−6.89)
Cflow	−0.569 *** (−20.12)	−0.615 *** (−22.21)	−0.538 *** (−23.17)	−0.626 *** (−29.21)

变量	被解释变量营运资金调整速度（Wcr）			
	解释变量为 Sup_h		解释变量为 Cus_h	
	Epcm = 1	Epcm = 0	Epcm = 1	Epcm = 0
Lev	- 0. 077 *** （ - 4. 47）	- 0. 093 *** （ - 6. 00）	- 0. 067 *** （ - 5. 15）	- 0. 094 *** （ - 9. 10）
Fa	0. 010 （0. 67）	- 0. 029 * （ - 1. 70）	0. 0003 （0. 02）	- 0. 021 * （ - 1. 76）
Roa	0. 650 *** （11. 13）	0. 457 *** （8. 90）	0. 513 *** （8. 72）	0. 517 *** （13. 29）
Re	- 0. 022 （ - 1. 51）	0. 024 *** （2. 66）	0. 006 （0. 52）	0. 020 *** （3. 68）
Fcost	0. 007 （0. 83）	0. 010 （0. 60）	0. 014 ** （2. 13）	0. 004 （0. 43）
Year	控制	控制	控制	控制
Industry	控制	控制	控制	控制
常数项	- 0. 0508 （ - 0. 92）	- 0. 124 （ - 1. 47）	- 0. 030 （ - 0. 90）	- 0. 189 * （ - 1. 72）
观测值	2011	2183	3874	4286
Adj. R-squ	0. 863	0. 849	0. 830	0. 857

注： * 表示 $p < 0.1$， ** 表示 $p < 0.05$， *** 表示 $p < 0.01$。
资料来源：根据国泰安数据库公布的我国上市公司财务数据并通过 Stata 软件处理得出。

5.4.3 改变被解释变量的度量方法的稳健性检验

企业营运资金需求不仅受行业因素的影响，也可能受季节性因素的影响，采用每季度营运资金需求的平均值作为营运资金需求的代理变量，重新测试供应链集中度对目标营运资金需求、营运资金需求偏离程度和调整速度的影响。回归结果如表 5 - 12、表 5 - 13 所示。表 5 - 12、表 5 - 13 的结果也分别与表 5 - 6、表 5 - 7 的结果对应一致。因此，该结果进一步支持了假设 5 - 1 与假设 5 - 2。

表 5 - 12　　　市场地位对供应链集中度影响营运资金
偏离程度效应的稳健性检验结果

变量	被解释变量营运资金偏离程度（Dev）（营运资金需求为 wcr_s）			
	解释变量为 Supplier		解释变量为 Customer	
	Epcm = 1	Epcm = 0	Epcm = 1	Epcm = 0
SC_{t-1}	0.017 (1.17)	0.019 (1.44)	0.009 (0.92)	0.021 ** (1.99)
Size	-0.007 ** (-2.16)	-0.008 *** (-2.61)	-0.010 *** (-4.43)	-0.009 *** (-4.37)
Grow	-0.002 (-0.36)	0.006 (0.77)	-0.001 (-0.17)	-0.008 (-1.18)
Cflow	0.004 (0.07)	0.132 ** (2.16)	0.034 (0.76)	0.141 *** (2.99)
Lev	0.047 ** (2.08)	0.069 *** (3.51)	0.058 *** (3.53)	0.057 *** (4.40)
Fa	-0.102 *** (-4.33)	-0.125 *** (-5.36)	-0.114 *** (-6.30)	-0.128 *** (-7.40)
Roa	0.199 ** (2.08)	-0.078 (-0.72)	0.205 *** (2.67)	-0.023 (-0.30)
Re	-0.004 (-0.24)	-0.020 * (-1.68)	-0.022 * (-1.92)	-0.025 *** (-2.95)
Fcost	0.019 (1.01)	0.016 (0.49)	0.045 *** (3.87)	0.034 * (1.82)
Year	控制	控制	控制	控制
Industry	控制	控制	控制	控制
常数项	0.308 *** (4.75)	0.195 *** (3.01)	0.322 *** (6.41)	0.295 *** (6.08)
观测值	2000	2180	3869	4281
Adj. R-squ	0.162	0.172	0.150	0.156

注：* 表示 p < 0.1，** 表示 p < 0.05，*** 表示 p < 0.01。
资料来源：根据国泰安数据库公布的我国上市公司财务数据并通过 Stata 软件处理得出。

表 5 - 13   **市场地位对供应链集中度影响营运资金调整速度效应的稳健性检验结果**

变量	被解释变量营运资金调整速度（Wcr_s）			
	解释变量为 Supplier		解释变量为 Customer	
	Epcm = 1	Epcm = 0	Epcm = 1	Epcm = 0
Wcr_{t-1}	0.018 (1.11)	0.019 * (1.70)	0.023 * (1.82)	0.025 *** (3.04)
SCC_{t-1}	0.896 *** (24.75)	0.874 *** (35.46)	0.880 *** (37.88)	0.878 *** (53.27)
$Wcr_{t-1} \times SCC_{t-1}$	-0.091 (-1.25)	-0.101 ** (-2.12)	-0.148 ** (-2.11)	-0.095 ** (-2.51)
Size	0.005 ** (2.41)	0.006 *** (3.14)	0.003 * (1.87)	0.006 *** (5.35)
Grow	-0.024 *** (-3.74)	-0.043 *** (-5.75)	-0.036 *** (-6.19)	-0.033 *** (-5.70)
Cflow	-0.612 *** (-11.41)	-0.668 *** (-15.67)	-0.661 *** (-19.54)	-0.664 *** (-19.95)
Lev	-0.054 *** (-3.33)	-0.080 *** (-5.97)	-0.053 *** (-4.22)	-0.089 *** (-8.85)
Fa	0.021 (1.40)	-0.012 (-0.76)	0.018 * (1.65)	-0.021 * (-1.80)
Roa	0.284 *** (3.53)	0.493 *** (5.03)	0.308 *** (5.01)	0.497 *** (6.67)
Re	0.003 (0.18)	0.006 (0.64)	0.008 (0.60)	0.006 (0.95)
Fcost	0.016 (1.33)	-0.015 (-0.60)	0.028 *** (3.51)	0.030 ** (2.20)
Year	控制	控制	控制	控制
Industry	控制	控制	控制	控制
常数项	-0.082 * (-1.81)	-0.104 (-1.24)	-0.0282 (-0.87)	-0.143 * (-1.91)
观测值	2000	2180	3869	4281
Adj. R-squ	0.878	0.876	0.861	0.879

注：＊表示 p＜0.1，＊＊表示 p＜0.05，＊＊＊表示 p＜0.01。
资料来源：根据国泰安数据库公布的我国上市公司财务数据并通过 Stata 软件处理得出。

5.5　本章小结

　　本章以我国 A 股上市公司 2007～2020 年的数据实证检验了不同市场地位下供应链集中度对营运资金动态调整的影响。研究发现，由于市场地位高的公司具有较强的市场竞争力与抗风险能力，不易受供应链集中度带来的负面影响，其营运资金偏离目标水平可能降低，而市场地位低的公司竞争力不强、抗风险能力较弱，在与大客户或供应商交易的过程中，更易受大客户或供应商的胁迫而让步，导致营运资金偏离目标水平的程度更为明显；而在调整速度方面，市场地位低的企业由于较低的风险承受能力、较大的外部融资限制，供应链集中度对其营运资金调整速度的影响相比于市场地位高的企业更为显著。为验证以上结论的可靠性，分别使用解释变量与被解释变量的代理变量重新测试，检验结果依然有力地支持了本章的结论。本章研究结论进一步深化了对供应链集中度影响营运资金动态调整机理的认识，在实践中对企业培育核心竞争力、提高抗风险能力、加强供应链合作、提高营运资金管理绩效具有一定的启示。

第6章 环境不确定性、供应链集中度与营运资金动态调整

企业总是在一定环境条件下开展经营活动，特别是 2008 年金融危机以来，企业面临的经营环境复杂多变，环境不确定性成为企业经营环境的重要特征，进而对企业的采购、生产及销售活动产生重要影响，因此在研究供应链集中度对营运资金动态调整的影响时，有必要进一步考察环境不确定性对其作用的效果，本章将从环境不确定性的视角深入研究供应链集中度对企业营运资金的动态影响。

6.1 理论分析与研究假说

6.1.1 环境不确定性下供应链集中度对营运资金偏离程度的影响分析

环境不确定性对企业与上下游合作伙伴关系的影响可能因企业财务环境而有所不同，客户集中度对营运资金偏离程度的影响可能因环境不确定性而存在差异，主要表现为两个方面：一方面，就企业本身而言，企业环境不确定性越高，越难以对市场需求做出准确预测与判断，企业收益的不稳定性越高（申慧慧，2010；林钟高、郑军，2015；廖义刚，2015），为维持公司业务稳定性，企业对大客户的依赖程度进一步增强；另一方面，环境不确定性增加了企业与外部市场（客户）之间的信息不对称程度（Ghosh and Olsen，2009），外部市场为降低合作风险，可能会考虑寻找新的合作伙伴，从而增加

企业客户流失的可能性（Hertzel et al.，2008）。在环境不确定较高的情况下，企业为控制风险、保持收益的稳定性，争取与大客户合作的意愿更加强烈，在议价活动中更容易向大客户做出让步，易于接受大客户提出的增加信用额度、延长信用期限等要求（Piercy and Lane，2006；唐跃军，2009），从而使企业的实际营运资金需求偏离目标水平的程度增加。

而供应商集中度对营运资金偏离程度的影响在环境不确定性下则体现在以下两个方面：在环境不确定性较低的情况下，企业容易对市场需求做出较为准确的预测，合理地安排生产活动（杨智等，2010），且收益较为稳定，财务环境较为宽松，在与供应链上游合作过程中更容易接受大供应商的信用条件，此时企业的上游供应商集中度越高，其议价优势越容易发挥，越容易导致企业营运资金偏离目标水平；相反，在环境不确定性较高的情况下，企业收益不稳定性增加，企业财务环境趋于紧张（牛建波和赵静，2012），且企业难以准确预测市场需求或合理安排生产活动，企业与上游供应商交易合作的积极性降低，集中度高的上游供应商对企业的议价优势难以发挥，因而企业营运资金不会明显偏离目标水平。根据以上分析提出以下假设：

假设 6-1：相对于环境不确定性较低的情况，客户集中度对营运资金偏离程度的影响在环境不确定性较高的情况下较为显著。

假设 6-2：相对于环境不确定性较高的情况，供应商集中度对营运资金偏离程度的影响在环境不确定性较低的情况下较为显著。

6.1.2 环境不确定性下供应链集中度对营运资金调整速度的影响分析

企业总是在特定的市场环境中开展生产经营活动，市场形势对经营业绩和风险存在显著影响。首先，从企业与下游客户方面来讲，当企业面临的环境不确定性较低时，企业能够根据市场形势的变化制订正确的生产经营决策，合理地安排产销活动（杨智等，2010），增进与客户的合作，从而降低与客户的沟通成本。当环境确定性较低时，企业信息透明度较高，外部市场对企业的了解程度较为全面深入，有利于增强企业与大客户之间的信任与理解，企业对营运资金进行调整的难度与成本会大大降低。然而较高的环境不确定性却增加了企业与外部市场的信息不对称程度（Ghosh and Olsen, 2009），此时客户难以对企业经营状况做出准确判断，增加了其与企业合作的风险，导致双方信任度下降，出于对自身利益的保护，在合作谈判中供应商或客户更不易让步，增加了企业对营运资金调整的难度或成本。同时较高的环境不确定性使管理者缺乏足够的信息评估风险，难以估计外部环境的变化可能带来的收益与成本，面临较大的决策失败风险（牛建波、赵静，2012），增加了财务人员对企业经济业务进行监督和控制的难度，降低了为经营决策提供的财务信息的可靠性（林钟高等，2015），影响了企业对营运资金需求进行动态调整的决策效率。

其次，从企业与上游供应商关系的角度看，当企业面临的环境不确定性较高时，企业对下游大客户的依赖性增强，议价能力下降，难以从下游客户处挤出营运资金满足资金需求，且较高的环境不确定性下企业外部融资约束程度较大、成本较高（林钟高、郑军，2015；王怀明、陈雪，2016；陈国辉等，2017），此时企业诉诸从上游供应商处融资成为一种可行的选择，而在当前买方市场的大环境下，这种选择有较大的可行性，且企业与上游供应商业务规模越大，合作程度越深，越有利于企业通过此渠道进行营运资金调整以满足资金需求（陈金龙、周兴，2014）。综上分析提出以下假设：

假设 6 - 3：相对于环境不确定性较高的情况，客户集中度对营运资金调整速度的影响在环境不确定性较低的情况下较为显著。

假设 6 - 4：相对于环境不确定性较低的情况，供应商集中度对营运资金调整速度的影响在环境不确定性较高的情况下较为显著。

6.2 研究设计

6.2.1 样本选取与数据来源

本书使用面板数据，以沪深 A 股上市公司为研究对象，样本区间为 2007 ~ 2020 年，数据来源于深圳国泰安公司，在数据选择上剔除了数据不全的公司，考虑到金融类上市公司的财务特殊性，剔除金融保险类公司；考虑到非日常经营行为的特殊影响，进一步剔除 ST 特别处理公司及当年发生并购或控制权转移的公司；行业分类方面，按照证监会 2001 年 4 月发布的行业分类标准进行分类；为消除异常值可能带来的影响，对连续变量在 1% 的水平上进行了缩尾处理，最终得到 5452 个有效观测值。

6.2.2　关键变量定义及度量

1. 营运资金需求

本书以营运资金需求作为被解释变量，为了客观地反映经营活动中供应链环节上营运资金的占用水平，本书借鉴巴诺斯和加西亚等（2010）、希尔和凯利等（2010）及吴娜（2013）等学者的做法，剔除投资活动与筹资活动的流动性项目，以经营活动中的流动资产项目总和与流动负债项目总和的差额除以当期的总资产表示营运资金占用水平，用符号 Wcr 表示。在稳健性检验中使用经行业调整的营运资金需求季度平均值（Wcr_si）作为反映企业营运资金需求的指标，指标定义及计量见表 6-1。

表 6-1　　　　　　　　　　　　　　　被解释变量定义

变量符号	变量名称	变量计量
Wcr	营运资金需求	Wcr =〔（应收账款 + 应收票据 + 其他应收款 + 预付账款 + 存货）-（应付票据 + 应付账款 + 预收账款 + 应付职工薪酬 + 应交税费 + 其他应付款）〕/总资产
Dev	偏离程度	实际营运资金需求与目标营运资金需求之差的绝对值
以下变量替代被解释变量用于稳健性检验		
Wcr_si	经行业调整的营运资金需求季度平均值	各年度四个季度营运资金需求平均值减去行业平均值

2. 供应链集中度

分别以公司前五大供应商采购额之和占全部采购额的比例、前五大供应商采购比的赫芬达尔指数作为衡量公司供应商集中度的指标；以公司的前五大客户销售额之和占全部销售额的比例、前五大客户销售比的赫芬达尔指数作为衡量公司客户集中度的指标；考虑到供应链集中度对营运资金动态调整的影响可能存在滞后性及二者之间可能存在着内生性问题，在动态调整模型中使用供应链集中度的滞后一期值，指标定义及计量见表6-2。

表6-2 解释变量定义

变量符号	变量名称	变量计量
Supplier	供应商集中度	前五名供应商采购比之和
Customer	客户集中度	前五名客户销售比之和
以下变量替代解释变量用于稳健性检验		
Sup_h	供应商集中度	前五名供应商采购比平方和
Cus_h	客户集中度	前五名客户销售比平方和

3. 环境不确定性

环境不确定性的根源存在于外部环境，而外部环境的变化将引起企业核心业务活动的波动，导致企业销售收入的波动（Bergh and Lawless，1998；Dess and Beard，1984），因此，环境不确定性可以用公司业绩波动衡量（Cheng and Kesner，1997）。销售收入的标准差通常被认为是衡量环境不确定的指标（Tosi et al.，1973），然而，过去销售收入中的变化一部分是公司的稳定成长带来的。因此，为了更加准确地衡量环境不确定性，需要剔除销售收入中稳定成长的部分，本书借鉴 Ghosh 和 Olsen（2009）、申慧慧和吴联生（2012）等学者的做法，采取上市公司过去4年非正常销售收入的标准差并经行业调整后的值衡量环境不确定性水平。本指标与控制变量指标定义及计量见表6-3。

表6-3 调节变量及控制变量的定义及衡量

变量性质	变量符号	变量名称	变量计量
调节变量	Uc	环境不确定性	经行业调整的公司非正常收入标准差，并以年度行业中位数为界，高于年度行业中位数的为高环境不确定性，低于年度行业中位数的为低环境不确定性

变量性质	变量符号	变量名称	变量计量
控制变量	Size	公司规模	营业收入的自然对数
	Grow	公司成长性	(期末总资产 – 期初总资产)/期初总资产
	Cflow	现金流量	经营活动现金净流量/总资产
	Lev	财务杠杆	负债总额/资产总额
	Fa	固定资产投资	固定资产/总资产
	Roa	总资产收益率	净利润/总资产
	Re	留存收益比率	(盈余公积 + 未分配利润)/总资产
	Fcost	融资成本	财务费用/(负债 – 应付账款)

6.2.3　研究模型

为考察环境不确定性下供应链集中度对营运资金动态调整的影响，在偏离程度模型（第 3 章模型 3 – 5）和调整速度模型（第 3 章模型 3 – 6）的基础上对样本进行分组，分为高环境不确定性组（$Uc = 1$ 时）与低环境不确定性组（$Uc = 0$ 时），然后检验其效果。

6.3　实证结果与分析

6.3.1　描述性统计

表 6 – 4 给出了各主要变量的描述性统计结果，2007 ~ 2020 年我国上市公司营运资金需求的均值为 0.141，中位数为 0.137，标准差为 0.170，表明我国上市公司营运资金组间分布较为均衡；上市公司营运资金偏离程度均值为 0.111，中位数为 0.088，最小值为 0，最大值为 0.734，标准差为 0.095，表明我国上市公司营运资金偏离程度存在着一定差异，分布也存在较大的不平衡性。环境不确定性指标均值和中位数分别是 1.685 和 1，最大值为

28.672，最小值为 0.064，标准差为 2.744。供应商集中度指标 Supplier 均值和中位数分别为 0.366 和 0.318，最小值与最大值分别为 0 和 0.972；客户集中度指标 Customer 均值和中位数分别为 0.310 和 0.252，最小值与最大值分别为 0.001 和 0.988。以上表明我国上市公司供应商集中度/客户集中度整体不是很高，且存在着部分公司没有大供应商/大客户或严重依赖大供应商/大客户的情况。

表 6 - 4　　　　　　　　　　　　有关变量描述性统计

变量	样本量（个）	均值	中位数	标准差	最小值	最大值
Wcr	5452	0.141	0.137	0.170	− 0.452	0.746
Dev	3848	0.111	0.088	0.095	0	0.734
Supplier	5452	0.366	0.318	0.213	0	0.972
Customer	5452	0.310	0.252	0.222	0.001	0.988
Uc	5452	1.685	1.000	2.744	0.064	28.672
Size	5452	21.240	21.160	1.351	16.571	25.148
Grow	5452	0.174	0.095	0.341	− 0.391	2.506
Cflow	5452	0.047	0.046	0.088	− 0.273	0.352
Lev	5452	0.436	0.422	0.223	0.049	1.541
Fa	5452	0.235	0.207	0.160	0.002	0.757
Roa	5452	0.047	0.044	0.056	− 0.244	0.234
Re	5452	0.114	0.153	0.321	− 2.606	0.482
Fcost	5452	0.017	0.030	0.176	− 0.991	0.239

资料来源：根据国泰安数据库公布的我国上市公司财务数据并通过 Stata 软件处理得出。

由表 6 - 5 可以看出，高环境不确定性组与低环境不确定性组下营运资金需求（Wcr）的均值分别为 0.138 和 0.143，二者在 5% 的水平上存在显著性差异；而高环境不确定性组与低环境不确定性组下营运资金需求的偏离程度（Dev）的均值分别为 0.106 和 0.113，二者在 1% 的水平上存在显著性差异，该结果初步表明环境不确定性对营运资金需求变化有一定影响。

表 6 – 5 环境不确定性分组下关键变量均值、中位数差异性检验

变量名	高环境不确定性（Uc = 1）		低环境不确定性（Uc = 0）		差异性检验	
	样本量（个）	均值	样本量（个）	均值	均值差异	t 值
Wcr	2633	0. 138	2819	0. 143	– 0. 005 **	– 2. 081
Dev	1868	0. 106	1980	0. 113	– 0. 011 ***	– 3. 657

注：** 表示 $p < 0.05$，*** 表示 $p < 0.01$。
资料来源：根据国泰安数据库公布的我国上市公司财务数据并通过 Stata 软件处理得出。

6.3.2 回归结果分析

1. 环境不确定性对供应链集中度与营运资金偏离程度关系的影响

把供应商集中度（Supplier）及客户集中度（Customer）样本分别按环境不确定性大小（Uc）分为高环境不确定性组（Uc = 1）和低环境不确定性组（Uc = 0），考察供应链集中度对营运资金偏离程度的影响在高环境不确定性组与低环境不确定性组下的差异。表 6 – 6 给出了不同环境不确定性下供应链集中度对营运资金偏离程度影响差异的回归结果。由表 6 – 6 可以看出，当解释变量为 Supplier 时，高环境不确定性组下供应商集中度的回归系数为0. 024，系数为正但不显著，低环境不确定性组下供应商集中度的回归系数为0. 032，系数为正且在 5% 的水平上显著。当解释变量为 Customer 时，高环境不确定性组下客户集中度的回归系数为0. 028，系数为正且在 1% 的水平上显著，低环境不确定性组下客户集中度的回归系数为0. 009，系数为正但不显著。以上结果表明，环境不确定性对供应链集中度影响营运资金偏离程度的调节效应存在异质性。相对于环境不确定性较高的情况而言，供应商集中度对营运资金偏离程度的影响在环境不确定性较低的情况下较为显著；相对于环境不确定性较低的情况而言，客户集中度及供应链整体集中度对营运资金偏离程度的影响在环境不确定性较高的情况下较为显著。因此，假设 6 – 1、假设 6 – 2 的推断是可靠的。

表6-6　　环境不确定性、供应链集中度与营运资金偏离程度的回归结果

变量	被解释变量营运资金偏离程度（Dev）			
	解释变量为 Supplier		解释变量为 Customer	
	Uc = 1	Uc = 0	Uc = 1	Uc = 0
SCC$_{t-1}$	0.024 (1.57)	0.032 ** (2.54)	0.028 *** (2.73)	0.009 (0.85)
Size	-0.015 *** (-4.24)	-0.004 (-1.33)	-0.015 *** (-5.94)	-0.005 ** (-2.14)
Grow	0.001 (0.15)	0.001 (0.12)	-0.001 (-0.09)	-0.021 ** (-2.53)
Cflow	0.018 (0.47)	0.095 ** (2.37)	-0.007 (-0.22)	0.126 *** (4.06)
Lev	0.078 *** (3.52)	0.055 *** (2.76)	0.080 *** (5.76)	0.051 *** (3.15)
Fa	-0.124 *** (-5.77)	-0.142 *** (-6.55)	-0.106 *** (-5.93)	-0.145 *** (-9.09)
Roa	0.025 (0.45)	-0.009 (-0.13)	0.114 ** (2.55)	-0.046 (-0.85)
Re	-0.023 ** (-2.25)	-0.012 (-0.49)	-0.021 *** (-2.59)	-0.006 (-0.31)
Fcost	0.010 (0.61)	0.036 (1.35)	0.031 *** (2.98)	0.011 (0.52)
Year	控制	控制	控制	控制
Industry	控制	控制	控制	控制
常数项	0.305 *** (4.15)	0.155 ** (2.23)	0.468 *** (4.78)	0.250 *** (4.92)
观测值	1955	2101	3704	3887
Adj. R-squ	0.206	0.166	0.185	0.139

注：** 表示 $p < 0.05$，*** 表示 $p < 0.01$。

资料来源：根据国泰安数据库公布的我国上市公司财务数据并通过 Stata 软件处理得出。

2. 环境不确定性对供应链集中度与营运资金需求调整速度关系的影响

把供应商集中度（Supplier）及客户集中度（Customer）样本分别按环

境不确定性高低分为高环境不确定性组（$Uc = 1$）和低环境不确定性组（$Uc = 0$），考察供应链集中度对营运资金调整速度的影响在高环境不确定性组与低环境不确定性组下的差异。表 6 - 7 给出了不同环境不确定性下供应链集中度对营运资金调整速度影响差异的回归结果。由表 6 - 7 可以看出，当解释变量为 Supplier 时，高环境不确定性组下供应商集中度与滞后一期营运资金需求（Wcr_{t-1}）的交互项 $Wcr_{t-1} \times SCC_{t-1}$ 的回归系数为 - 0. 119，系数为负且在 10% 的水平上显著，低环境不确定性组下供应商集中度与滞后一期营运资金需求（Wcr_{t-1}）的交互项 $Wcr_{t-1} \times SCC_{t-1}$ 的回归系数为 - 0. 038，系数为负但不显著。当解释变量为 Customer 时，高环境不确定性组下客户集中度与滞后一期营运资金需求（Wcr_{t-1}）的交互项 $Wcr_{t-1} \times SCC_{t-1}$ 的回归系数为 - 0. 103，系数为负但不显著，低环境不确定性组下客户集中度与滞后一期营运资金需求（Wcr_{t-1}）的交互项 $Wcr_{t-1} \times SCC_{t-1}$ 的回归系数为 - 0. 121，系数为负且在 1% 的水平上显著。以上分析结果表明，环境不确定性对供应链集中度影响营运资金调整速度的调节效应具有异质性，即相对于环境不确定性较高的情况，客户集中度对营运资金调整速度的影响在环境不确定性较低的情况下较为显著；而相对于环境不确定性较低的情况，供应商集中度对营运资金调整速度的影响在环境不确定性较高的情况下较为显著。因此，假设 6 - 3、假设 6 - 4 的推断是可靠的。

表 6 - 7　　环境不确定性、供应链集中度与营运资金需求调整速度的回归结果

变量	被解释变量为营运资金需求（Wcr）			
	解释变量为 Supplier		解释变量为 Customer	
	$Uc = 1$	$Uc = 0$	$Uc = 1$	$Uc = 0$
Wcr_{t-1}	0. 811 *** (25. 59)	0. 851 *** (39. 98)	0. 801 *** (32. 04)	0. 867 *** (64. 26)
SCC_{t-1}	0. 022 (1. 37)	0. 004 (0. 42)	0. 013 (1. 31)	0. 020 *** (2. 60)
$Wcr_{t-1} \times SCC_{t-1}$	- 0. 119 * (- 1. 77)	- 0. 038 (- 0. 89)	- 0. 103 (- 1. 51)	- 0. 121 *** (- 3. 07)
Size	0. 007 *** (2. 70)	0. 002 (1. 05)	0. 010 *** (4. 67)	0. 002 (1. 40)

变量	被解释变量为营运资金需求（Wcr）			
	解释变量为 Supplier		解释变量为 Customer	
	Uc = 1	Uc = 0	Uc = 1	Uc = 0
Grow	− 0. 042 *** (− 4. 26)	− 0. 064 *** (− 6. 23)	− 0. 039 *** (− 4. 28)	− 0. 066 *** (− 6. 21)
Cflow	− 0. 572 *** (− 19. 47)	− 0. 582 *** (− 21. 86)	− 0. 582 *** (− 22. 62)	− 0. 562 *** (− 27. 09)
Lev	− 0. 093 *** (− 5. 39)	− 0. 063 *** (− 4. 41)	− 0. 113 *** (− 8. 30)	− 0. 043 *** (− 4. 60)
Fa	− 0. 036 * (− 1. 81)	0. 005 (0. 37)	− 0. 024 (− 1. 57)	0. 007 (0. 63)
Roa	0. 435 *** (8. 89)	0. 476 *** (9. 00)	0. 462 *** (10. 93)	0. 506 *** (13. 60)
Re	0. 016 * (1. 66)	0. 016 (1. 01)	0. 013 ** (2. 21)	0. 024 * (1. 93)
Fcost	0. 045 *** (3. 37)	0. 012 (0. 99)	0. 027 *** (3. 11)	0. 005 (0. 58)
Year	控制	控制	控制	控制
Industry	控制	控制	控制	控制
常数项	− 0. 0226 (− 0. 42)	0. 0263 (0. 68)	− 0. 134 ** (− 2. 54)	0. 0268 (0. 93)
观测值	1955	2101	3704	3887
Adj. R-squ	0. 813	0. 897	0. 814	0. 893

注：* 表示 $p < 0.1$，** 表示 $p < 0.05$，*** 表示 $p < 0.01$。
资料来源：根据国泰安数据库公布的我国上市公司财务数据并通过 Stata 软件处理得出。

6.4 稳健性检验

6.4.1 改变解释变量的度量方法的稳健性检验

为进一步检验假设 6 - 1 至假设 6 - 4 的正确性，采用企业前五大供应商采购占比的赫芬达尔指数（Sup_h）、前五大客户销售占比的赫芬达尔指数（Cus_h）分别作为供应商集中度、客户集中度的代理变量，对以上假设进行重新检验。检验结果如表6-8和表6-9所示。表6-8与表6-6所得结果基本一致，而表6-9与表6-7所得结果基本一致，进一步说明推断较为可靠。

表6-8　　　　　　　环境不确定性对供应链集中度影响营运
资金偏离程度效应的稳健性检验结果

变量	被解释变量营运资金偏离程度（Dev）			
	解释变量为 Sup_h		解释变量为 Cus_h	
	Uc = 1	Uc = 0	Uc = 1	Uc = 0
SCC_{t-1}	0.070 ** (2.02)	0.041 (1.48)	0.045 ** (2.03)	0.042 ** (2.33)
Size	− 0.015 *** (− 4.21)	− 0.005 * (− 1.67)	− 0.016 *** (− 6.21)	− 0.005 ** (− 2.12)
Grow	0.0004 (0.06)	0.0001 (0.01)	− 0.0002 (− 0.03)	− 0.021 ** (− 2.53)
Cflow	0.025 (0.68)	0.099 ** (2.48)	− 0.006 (− 0.21)	0.124 *** (3.99)
Lev	0.072 *** (3.59)	0.053 *** (2.63)	0.081 *** (5.78)	0.051 *** (3.17)
Fa	− 0.126 *** (− 5.93)	− 0.142 *** (− 6.51)	− 0.109 *** (− 6.04)	− 0.146 *** (− 9.14)
Roa	0.019 (0.34)	− 0.003 (− 0.05)	0.116 *** (2.60)	− 0.045 (− 0.83)
Re	− 0.0229 ** (− 2.24)	− 0.016 (− 0.63)	− 0.021 *** (− 2.63)	− 0.006 (− 0.29)
Fcost	0.011 (0.66)	0.040 (1.47)	0.031 *** (2.95)	0.011 (0.49)
Year	控制	控制	控制	控制
Industry	控制	控制	控制	控制

续表

变量	被解释变量营运资金偏离程度（Dev）			
	解释变量为 Sup_h		解释变量为 Cus_h	
	Uc = 1	Uc = 0	Uc = 1	Uc = 0
常数项	0.572 *** (7.80)	0.203 *** (2.98)	0.487 *** (5.03)	0.237 *** (3.81)
观测值	1959	2109	3707	3891
Adj. R-squ	0.208	0.165	0.184	0.141

注：* 表示 p < 0.1，** 表示 p < 0.05，*** 表示 p < 0.01。
资料来源：根据国泰安数据库公布的我国上市公司财务数据并通过 Stata 软件处理得出。

表 6 – 9　　　　　　　环境不确定性对供应链集中度影响营运

资金偏离程度效应的稳健性检验结果

变量	被解释变量营运资金调整速度（Wcr）			
	解释变量为 Sup_h		解释变量为 Cus_h	
	Uc = 1	Uc = 0	Uc = 1	Uc = 0
Wcr_{t-1}	0.785 *** (34.84)	0.843 *** (52.99)	0.778 *** (45.03)	0.844 *** (78.72)
SC_{t-1}	0.040 (1.23)	0.022 (1.18)	0.014 (0.75)	0.023 * (1.82)
$Wcr_{t-1} \times SCC_{t-1}$	− 0.244 * (− 1.90)	− 0.126 (− 1.54)	− 0.242 ** (− 1.96)	− 0.181 ** (− 2.28)
Size	0.007 *** (2.60)	0.002 (1.11)	0.010 *** (4.70)	0.002 (1.36)
Grow	− 0.041 *** (− 4.21)	− 0.064 *** (− 6.23)	− 0.039 *** (− 4.32)	− 0.066 *** (− 6.18)
Cflow	− 0.584 *** (− 20.29)	− 0.583 *** (− 21.99)	− 0.586 *** (− 22.89)	− 0.562 *** (− 27.11)
Lev	− 0.088 *** (− 5.12)	− 0.062 *** (− 4.38)	− 0.111 *** (− 8.23)	− 0.043 *** (− 4.56)
Fa	− 0.035 * (− 1.74)	0.004 (0.27)	− 0.025 * (− 1.65)	0.006 (0.65)

续表

变量	被解释变量营运资金调整速度（Wcr）			
	解释变量为 Sup_h		解释变量为 Cus_h	
	Uc = 1	Uc = 0	Uc = 1	Uc = 0
Roa	0.445 *** (9.13)	0.476 *** (9.00)	0.464 *** (11.06)	0.504 *** (13.54)
Re	0.016 (1.64)	0.015 (0.98)	0.013 ** (2.30)	0.024 * (1.91)
Fcost	0.043 *** (3.24)	0.011 (0.95)	0.027 *** (3.07)	0.005 (0.58)
Year	控制	控制	控制	控制
Industry	控制	控制	控制	控制
常数项	− 0.483 *** (− 8.03)	0.017 (0.45)	− 0.123 ** (− 2.45)	0.027 (0.94)
观测值	1959	2109	3707	3891
Adj. R-squ	0.813	0.897	0.814	0.892

注：* 表示 $p < 0.1$，** 表示 $p < 0.05$，*** 表示 $p < 0.01$。
资料来源：根据国泰安数据库公布的我国上市公司财务数据并通过 Stata 软件处理得出。

6.4.2 改变被解释变量的度量方法的稳健性检验

企业营运资金需求可能受季节及行业状况的影响而有所不同，在此选择季度营运资金需求的平均值并经行业调整作为企业营运资金需求量（Wcr_si）进行重新测试，回归结果如表6-10和表6-11所示，该结果与表6-6、表6-7所得结果基本一致，也进一步说明推断较为可靠。

表6-10　　　环境不确定性、供应链集中度与营运资金偏离程度的回归结果

变量	被解释变量营运资金偏离程度（Dev）			
	解释变量为 Supplier		解释变量为 Customer	
	Uc = 1	Uc = 0	Uc = 1	Uc = 0
SCC_{t-1}	0.017 (1.11)	0.024 * (1.89)	0.018 * (1.73)	− 0.006 (− 0.64)

变量	被解释变量营运资金偏离程度（Dev）			
	解释变量为 Supplier		解释变量为 Customer	
	Uc = 1	Uc = 0	Uc = 1	Uc = 0
Size	− 0. 015 *** （− 4. 03）	− 0. 004 （− 1. 17）	− 0. 016 *** （− 5. 95）	− 0. 005 ** （− 2. 19）
Grow	− 0. 002 （− 0. 31）	− 0. 013 （− 1. 62）	− 0. 006 （− 1. 08）	− 0. 017 ** （− 2. 23）
Cflow	0. 011 （0. 18）	0. 010 （0. 16）	0. 062 （1. 17）	0. 150 *** （2. 83）
Lev	0. 086 *** （4. 36）	0. 050 ** （2. 26）	0. 094 *** （6. 81）	0. 049 *** （2. 90）
Fa	− 0. 100 *** （− 4. 39）	− 0. 141 *** （− 5. 92）	− 0. 098 *** （− 5. 04）	− 0. 141 *** （− 8. 31）
Roa	0. 019 （0. 22）	0. 136 （1. 29）	0. 019 （0. 27）	0. 031 （0. 35）
Re	− 0. 004 （− 0. 47）	− 0. 002 （− 0. 07）	− 0. 002 （− 0. 27）	− 0. 008 （− 0. 35）
Fcost	− 0. 016 （− 0. 62）	0. 048 （1. 36）	0. 023 （1. 49）	0. 021 （0. 81）
Year	控制	控制	控制	控制
Industry	控制	控制	控制	控制
常数项	0. 248 *** （3. 51）	0. 177 ** （2. 36）	0. 445 *** （4. 80）	0. 255 *** （4. 52）
观测值	1955	2101	3704	3887
Adj. R-squ	0. 182	0. 168	0. 176	0. 137

注：* 表示 p < 0. 1，** 表示 p < 0. 05，*** 表示 p < 0. 01。

资料来源：根据国泰安数据库公布的我国上市公司财务数据并通过 Stata 软件处理得出。

表 6-11　环境不确定性、供应链集中度与营运资金需求调整速度的回归结果

变量	被解释变量为营运资金需求（Wcr_si）			
	解释变量为 Supplier		解释变量为 Customer	
	Uc = 1	Uc = 0	Uc = 1	Uc = 0
Wcr_{t-1}	0.848 *** (22.92)	0.868 *** (32.95)	0.817 *** (32.24)	0.862 *** (47.70)
SCC_{t-1}	0.009 (0.76)	0.006 (0.74)	0.003 (0.33)	0.008 (1.12)
$\text{Wcr}_{t-1} \times \text{SCC}_{t-1}$	-0.169 * (-1.85)	-0.062 (-1.08)	-0.108 * (-1.82)	-0.128 ** (-2.29)
Size	0.002 (0.55)	0.0003 (0.14)	0.005 ** (2.07)	-0.001 (-0.91)
Grow	-0.046 *** (-4.91)	-0.059 *** (-5.54)	-0.043 *** (-5.03)	-0.063 *** (-6.25)
Cflow	-0.887 *** (-15.42)	-0.726 *** (-15.42)	-0.894 *** (-17.66)	-0.745 *** (-22.40)
Lev	-0.013 (-0.69)	-0.010 (-0.63)	-0.041 ** (-2.55)	-0.001 (-0.05)
Fa	0.017 (0.90)	0.029 * (1.93)	0.021 (1.38)	0.025 ** (2.19)
Roa	0.660 *** (6.32)	0.626 *** (6.42)	0.721 *** (8.69)	0.642 *** (9.64)
Re	0.018 * (1.73)	0.020 (0.91)	0.011 * (1.89)	0.035 ** (2.19)
Fcost	0.022 (1.23)	0.031 * (1.69)	0.016 (1.31)	0.029 * (1.80)
Year	控制	控制	控制	控制
Industry	控制	控制	控制	控制
常数项	0.048 (0.84)	0.006 (0.12)	-0.076 (-1.21)	0.086 ** (2.30)
观测值	1955	2101	3704	3887
Adj. R-squ	0.727	0.814	0.729	0.805

注：* 表示 p<0.1，** 表示 p<0.05，*** 表示 p<0.01。
资料来源：根据国泰安数据库公布的我国上市公司财务数据并通过 Stata 软件处理得出。

6.5　本章小结

　　本章以我国 A 股上市公司 2007～2020 年的数据，实证检验了不同环境不确定性下供应链集中度对营运资金动态调整的影响。研究发现，环境不确定性对供应链集中度与营运资金偏离程度及调整速度的关系具有调节效应，且对供应商集中度与客户集中度影响营运资金需求的偏离程度及调整速度的调节效应具有反向差异性。具体表现为在较低的环境不确定性下，供应商集中度对营运资金需求偏离程度的影响具有显著性，但在较高环境不确定性下并不显著；而在较高环境不确定性下，客户集中度对营运资金需求偏离程度的影响具有显著效果，但在较低环境不确定性下并不显著。同时，在较低的环境不确定性下，供应商集中度对营运资金调整速度的影响不具有显著效果，但在较高环境不确定下这种影响却是显著的；而在较低的环境不确定性下，客户集中度对营运资金调整速度的影响具有显著效果，但在较高的环境不确定性下这种效果并不显著。

　　以上结果隐含的内在关系是企业在面对不确定环境时，会综合平衡供应链两端的关系，对营运资金进行调整。该研究结论对在不同环境不确定性下利用供应链关系加强营运资金管理、控制经营风险、提高营运资金使用效率方面具有一定的启示意义。在环境不确定性较高时，为保持业务稳定和市场占有率，会优先考虑维护供应链下游关系，在与大客户议价方面做出较大让步（此时客户集中下营运资金偏离较为明显），同时在营运资金调整方面着力从上游入手，缓解资金紧张与财务风险。而在环境不确定性较低时，外部市场环境较为稳定，且与下游客户之间信息不对称程度较小，与下游客户沟通和信任度较高，为企业进行营运资金调整提供了便利条件；在与上游合作方面，由于市场环境不确定性较低，企业及时采购与生产，保证市场供应成为首要问题，同时由于来自下游客户的压力较小，对上游供应商做出让步的空间较大（供应商集中度下营运资金偏离较为明显），此时企业可以通过调整与下游客户营运资金的关系来满足与上游客户的需求。

第7章 供应链集中度视角下营运资金动态优化的策略

之前章节的理论分析与实证结果表明，我国上市公司供应链集中度对营运资金有重要影响，供应链集中度不仅是影响目标营运资金需求的重要因素，也对企业营运资金的偏离程度和调整速度有动态影响，且这种动态影响效果会因企业内部治理情况、行业竞争地位及外部环境不确定性而有所不同。供应链集中度下营运资金管理的目的在于根据企业内外部环境条件确定合理的目标营运资金需求水平，对营运资金偏离程度进行有效控制与合理调整，以期控制经营活动中的风险，提高企业营运资金管理效率，实现企业价值最大化。本章将根据以前章节的研究结论构建供应链集中度视角下我国上市公司营运资金动态优化模型，并提出相应的动态优化措施。

7.1 供应链视角下营运资金动态优化模型的构建

供应链集中度视角下我国上市公司营运资金动态优化模型可按照"一个核心、三个维度"的思路来构建。

7.1.1 营运资金动态调整优化模型的"一个核心"

"一个核心"就是在供应链集中度这一视角下，营运资金的动态优化要充分考虑供应链集中程度这一特征，恰当利用供应链集中度的竞合效应以达到优化企业营运资金水平、控制企业风险、提高营运资金管理绩效这一目标。在营运资金管理活动中，供应链集中度会对企业营运资金需求产生影响，导致实际营运资金需求与目标水平偏离，并对偏离程度进行修正与调整。日常经营活动中，为控制经营风险、提高资金使用效率，确定目标营运资金需求水平时要考虑企业供应链集中的实际情况，合理安排营运资金投入水平；在与上游供应商与下游客户业务往来的过程中，密切关注由于供应链集中度带来营运资金过度偏离目标水平的风险和利益损失，进而根据公司可承受风险的程度，充分发挥供应链集中度的合作效应，及时对营运资金进行调整。从整个过程来看，供应链集中度下营运资金动态调整存在以下四个特点。

1. 供应链集中度视角下目标营运资金需求处于动态变化之中

市场经济条件下，由于内外部环境因素的影响，市场供给与需求总是处于不断变化之中，从而对企业的上下游供应链结构和集中度产生影响，并进一步影响企业与上下游的议价能力与合作关系，导致企业营运资金需求水平不断变化。为保持业务稳定和有利的市场竞争地位，企业在营运资金管理活动中，需要根据供应链结构变化合理地预计目标营运资金需求水平，使得目标营运资金需求与企业的供应链集中度相适应。

2. 以营运资金偏离程度为调整前提

本书的研究表明，供应链集中度对营运资金偏离程度有显著影响，较高的营运资金偏离会导致企业经营风险上升和营运资金管理绩效下降，但营运资金调整可能对供应链合作产生不利影响，企业是否对任何营运资金的偏离都要进行调整，要综合考虑调整所带来的影响，视供应链集中度带来的营运资金偏离程度和企业所能承受的偏离风险和效率损失而定。

3. 明确把握营运资金调整的方向

供应链集中度对营运资金偏离产生的影响具有方向性，即向上偏离与向下偏离两种情形，同时由于两种偏离的原因和结果有着显著的不同，对营运资金调整时，在方向上应逆向而行，方法上应区别对待。

4. 营运资金动态调整需要综合考虑企业与上下游之间的合作关系

供应链视角下营运资金的调整要处理好企业与上游供应商及下游大客户的关系，不同企业供应链集中度的情况有所不同，供应链集中度情况分为上游集中但下游分散、上游集中且下游集中、上游分散但下游集中及上游分散且下游分散四种类型，企业在对营运资金偏离目标水平进行调整时要视情况进行调整，调整过程中要充分发挥供应链集中度带来的合作优势，促进营运资金向目标水平回归。

7.1.2　营运资金动态调整优化模型的“三个维度”

“三个维度”分别是企业内部治理、行业竞争态势及外部环境不确定性。总体而言，企业内部治理主要通过产权性质和薪酬激励对供应链集中度影响企业营运资金动态调整产生作用效果；行业竞争态势主要通过企业竞争地位对供应链集中度影响企业营运资金动态调整产生作用效果；而环境不确定性主要基于市场风险对供应链集中度影响企业营运资金动态调整产生作用效果。供应链集中度下营运资金动态优化模式的架构如图 7 - 1 所示。

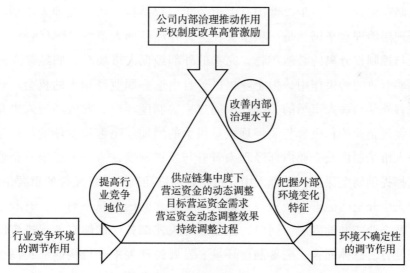

图 7 - 1　供应链集中度下营运资金动态优化模式的架构

7.2 供应链集中度对营运资金动态调整影响的优化措施

7.2.1 内部治理下的优化措施

根据公司治理因素对供应链集中度影响营运资金动态调整的结果，从产权性质与高管激励两个方面提出供应链集中度下营运资金动态调整的优化措施。

1. 产权性质方面优化营运资金动态调整的措施

由产权性质对供应链集中度影响营运资金动态调整的结果可知，产权性质不仅对营运资金需求和调整速度有显著的影响，而且在供应链集中度影响营运资金调整速度方面也有明显影响。应不断加强产权制度改革，引进战略投资者，进一步改善国有上市公司股权结构、培育经理人市场。提高经理层治理水平仍然是一项重要任务，外部经理人市场是现代企业中所有权与控制权分离的必然产物，完善的外部经理人市场对在职经理人的行为起着有效的约束作用，为企业提供了自由选择职业经理人的机会。现阶段完善外部经理人市场的关键在于通过完善制度环境、发展经理人中介机构来促进企业的积极参与及经理人员供给的增加。完善制度环境包括建立经理人市场制度及企业内部经理人晋升与发展制度，为公平竞争及企业自由选择提供制度保障；经理人中介机构是促进经理人市场完善的重要手段，经理人中介机构能够有效缓解经理人与企业之间的信息不对称，有利于经理人及企业的共同发展。同时，建立经理人才储备库能够有效促进资源的合理配置。总体而言，完善制度环境、发展经理人中介机构能够提高企业的参与意识，促进经理人市场的良性循环，改善公司治理水平，提高营运资金使用效率。

2. 高管激励方面优化营运资金动态调整的措施

由高管激励对供应链集中度影响营运资金动态调整的结果可知，高管激励对供应链集中度影响营运资金偏离程度与调整速度具有调节作用，高管薪酬激励有利于增进供应链集中度下企业与大客户和供应商之间的交流合作，加速营运资金偏离情况下向目标营运资金水平的回归。因此，目前我国上市公司给予高管一定薪酬激励，对改善供应链关系、加强长期合作、从动态角度提高营运资金管理效率有积极效果。而且从高管薪酬激励对供应链集中度影响营运资金动态调整的效果来看，这种方式既有事前预防偏差的效果也有事后修正偏差的效果，因此，在后金融危机时代，我国上市公司给予高管一定程度的薪酬激励，对激发公司高管防范经营风险、提高营运资金管理绩效有重要的现实意义。

7.2.2　市场地位下的优化措施

单个公司虽然无法改变所在行业的竞争状况，但可通过强化自身竞争优势、提高在同行业中的竞争地位来适应竞争激烈的环境。本书实证研究表明，行业内竞争地位较高的上市公司，供应链集中度不易对营运资金造成较大的偏离，原因在于行业内竞争地位较高的上市公司一般处于行业领军地位，更容易受到外部投资者的青睐，而市场地位低的上市公司则由于在谈判中缺少较大话语权，容易受上下游的胁迫，导致营运资金过多地被上下游占有而较大程度地偏离目标水平。

此外，从市场地位对供应链影响营运资金调整速度的调节效果来看，无论是市场地位高的企业还是市场地位低的企业，供应链集中度都能引起营运资金进行较快调整。对市场地位高的企业而言，其原因可能是市场地位高的企业由于本身具备优势，更容易得到上下游合作伙伴的信任和合作，减弱了营运资金调整的成本和阻力；而对市场地位低的企业而言，更多的是可能处于财务困境而进行的无奈选择及供应链上下游给予的体恤，而以此为依据的调整可能面临较大的风险，一旦上下游大供应商或客户不予配合，企业则可能面临资金链断裂而导致破产。因此，公司主动促进营运资金动态调整的另一关键点就是提升公司竞争能力，提高公司在同行业中的竞争地位。同行业内公司竞争地位的高低可用勒纳指数来表示，勒纳指数是公司营业收入减去营业成本及费用后与营业收入的比值，代表营业收入贡献率的大小。这表明公司竞争能力的提高，不仅要考察主营业务的数量，还要关注主营业务的质量及其对公司价值的贡献。上市公司需要把主要精力用于同行业内部成员公司之间主营业务的竞争上，在充分了解市场需求的情况下实施差异化经营战略，降低与其他公司产品的相似性，开发具有发展潜力的细分市场，逐步提高在同行业中的竞争地位及话语权，同时降低营业成本、管理费用及销售费用等支出，提升公司的综合竞争能力，这样才有可能在对营运资金进行调整时争取到较大的主动权。

7.2.3　环境不确定性下的优化措施

由环境不确定性对供应链集中度影响营运资金动态调整的调节效应的分析与实证结果可知，环境不确定性对供应商集中度与客户集中度影响营运资金动态调整存在差异性，在高环境不确定性下，客户集中度会带来营运资金较大程度的偏离，但在低环境不确定性下，客户集中度能明显促进营运资金向目标水平回归；而在低环境不确定性下，供应商集中度会带来营运资金较大程度地偏离目标水平，但只有在高环境不确定性下，供应商集中度才明显促进营运资金向目标水平回归。这种效应为在环境不确定性下优化供应链集中度对营运资金动态调整提供了思路。企业要密切关注环境变化动态，构建合理的环境不确定性测度指标，根据已有研究，环境不确定性的测度方法有定性测度和定量测度，定性测度主要依靠管理者对外部环境的主观感受与判断；定量测度主要依据企业财务指标的变动性，如股票价格的方差（王满，2015）及非正常销售收入标准差（申慧慧等，2013），企业可根据实际情况选择合适的测量方法。此外，企业要根据面临的环境不确定性程度，对营运资金偏离情况进行调整，如在环境不确定性较高的情况下，选择对大客户做出较大让步，允许下游环节营运资金暂时偏离目标水平，同时密切与上游供应商的关系，积极进行合作与沟通，对营运资金进行适当调整；而在环境不确定性较低的情况下，允许上游营运资金暂时偏离目标水平，同时密切与下游大客户的关系，积极进行合作与沟通，对营运资金水平进行适当调整。

7.3　本章小结

　　本章根据前文的研究结论，按照"一个核心、三个维度"的思路构建了供应链集中度视角下我国上市公司营运资金动态优化模型，并提出了相应的动态优化措施。"一个核心"就是在供应链集中度这一视角下，营运资金的动态优化要充分考虑供应链集中程度这一特征，恰当利用供应链集中度的竞合效应以达到优化企业营运资金的水平，控制企业风险，提高营运资金管理绩效。"三个维度"分别是企业内部治理、行业竞争态势及外部环境不确定性。总体而言，企业内部治理主要通过产权性质和薪酬激励对供应链集中度影响企业营运资金动态调整产生作用效果；行业竞争态势主要通过企业竞争地位对供应链集中度影响企业营运资金动态调整产生作用效果；而环境不确定性主要基于市场风险对供应链集中度影响企业营运资金动态调整产生作用效果。相应的优化措施主要有：进一步加强产权制度改革，引进战略投资者，改善国有上市公司股权结构、培育经理人市场、提高经理层治理水平；在实施高管薪酬激励政策的同时，鼓励实施高管股权激励措施；上市公司需要把主要精力用于同行业内部成员公司之间主营业务的竞争上，在充分了解市场需求的情况下实施差异化经营战略，提升公司的综合竞争能力以争取供应链合作中的主动权；密切关注环境发展动态，准确把握环境不确定性水平，调整与供应链上下游的关系。

第8章 总 结

8.1 研究结论与启示

8.1.1 研究结论

本书基于供应链集中度的竞合效应，以我国A股上市公司为研究样本，从动态角度实证研究了供应链集中度对企业营运资金偏离程度及调整速度的影响机理及作用效果，并进一步从公司内部治理和外部环境角度深入研究了产权性质、高管薪酬激励、行业市场地位及环境不确定性对供应链集中度影响企业营运资金动态调整的调节效应。本书有以下研究发现。

（1）我国上市公司营运资金需求存在目标值，供应链集中度是影响企业目标营运资金需求的一个重要因素，供应链集中度越高，企业营运资金需求水平越高；供应链集中度对企业营运资金的偏离程度、调整速度及调整方向有显著影响。在供应链集中度的竞争效应作用下，随着供应链集中度增加，企业实际营运资金偏离目标水平的程度会加大；而在供应链集中度的合作效应的作用下，随着供应链集中度的增加，企业营运资金需求向目标水平调整的速度会加快；从调整方向上看，相对于供应链集中度低的企业而言，营运资金向下调整的速度快于向上调整的速度，这在供应链集中度高的企业中更为明显。

（2）供应链集中度对营运资金动态调整的影响在不同产权性质下存在着异质性。相对于国有企业而言，供应链集中度对营运资金偏离程度及调整速度的影响在非国有企业中表现较为显著。

（3）高管薪酬激励对供应链集中度影响营运资金偏离程度的效应在总体上具有显著差异，相对于高薪酬激励的公司而言，供应链集中度对营运资金偏离程度的影响在低薪酬激励下表现更为显著。相对于低薪酬激励的公司而言，薪酬高的公司供应链集中度对营运资金调整速度的影响更为明显。

（4）市场竞争地位对供应链集中度影响营运资金偏离程度具有显著调节效应。相对于高市场地位的公司而言，低市场地位公司下供应链集中度对营运资金偏离程度的影响较为明显；然而供应链集中度对营运资金调整速度的影响在不同市场地位的公司中具有显著效应。无论是低市场地位公司还是高市场地位公司，供应链集中度对营运资金调整速度的影响都是正向的，但低市场地位的公司供应链集中度对营运资金调整速度影响更大。

（5）环境不确定性对供应链集中度影响营运资金偏离程度和调整速度的调节效应因供应链环节不同表现出明显的差异性。高环境不确定性下，客户集中度对营运资金偏离程度具有显著的正向影响，但未发现供应商集中度对营运资金偏离程度具有显著的正向影响；同时，高环境不确定性下，供应商集中度对营运资金调整速度具有显著的正向影响，但未发现客户集中度对营运资金调整速度具有显著的正向影响。低环境不确定性下，供应商集中度对营运资金偏离程度具有显著的正向影响，但未发现客户集中度对营运资金偏离程度具有显著的正向影响；同时，低环境不确定性下，客户集中度对营运资金调整速度具有显著的正向影响，但未发现供应商集中度对营运资金调整速度具有显著的正向影响；而供应链整体集中度在以上效应中与客户集中度表现相同。

最后，本书依据以上研究结果，结合企业内部治理环境和外部环境，构建了供应链集中度视角下我国上市公司营运资金动态优化模型。

8.1.2 研究启示

本书从理论上揭示了供应链集中度对营运资金动态调整影响的机理，对企业加强供应链管理、提高资金使用效率、实现企业价值最大化具有以下意义。

（1）企业在与大客户或供应商合作的过程中，要积极关注客户或供应商集中度给企业带来的风险，对大客户或供应商的过分依赖会使企业丧失议价方面的主动权，导致营运资金偏离最佳水平，使企业经营风险上升，对企业外部融资造成不利影响。

（2）对于客户或供应商集中度下营运资金的过度偏离，企业应积极进行风险控制，利用客户或供应商集中度带来的供应链共存协作关系与大客户或供应商进行有效沟通，对过度的营运资金占有进行调整，有效控制营运资金偏离带来的风险，提高营运资金的管理绩效。

（3）供应链集中度视角下我国上市公司营运资金动态优化模型可按照"一个核心、三个维度"的思路来构建。"一个核心"就是在供应链集中度这一视角下，营运资金的动态优化要充分考虑供应链集中程度这一特征，恰当利用供应链集中度的竞合效应以达到优化企业营运资金的水平，控制企业风险，提高营运资金管理绩效。"三个维度"分别是企业内部治理、行业竞争态势及外部环境不确定性。总体而言，企业内部治理主要通过产权性质和薪酬激励对供应链集中度影响企业营运资金动态调整产生作用；行业竞争态势主要通过企业竞争地位对供应链集中度影响企业营运资金动态调整产生作用；而环境不确定性主要基于市场风险对供应链集中度影响企业营运资金动态调整产生作用。相应的优化措施主要有：进一步加强产权制度改革，引进战略投资者，改善国有上市公司股权结构和培育经理人市场、提高经理层治理水平；在实施高管薪酬激励政策的同时，鼓励实施高管股权激励措施；上市公司需要把主要精力集中在与同行业内部成员公司之间主营业务的竞争上，在充分了解市场需求的情况下实施差异化经营战略，提升公司的综合竞争能力以争取供应链合作中的主动权；密切关注环境发展动态，准确把握环境不确定性水平，调整与供应链上下游的关系。

8.2 研究局限与展望

8.2.1 研究局限

（1）本书是以我国上市公司为研究对象，对我国上市公司供应链集中度与营运资金动态调整问题进行研究，局限于数据的可获得性，并没有把非上市公司考虑进来，而实际上非上市公司相对于上市公司而言，外部融资方面远没有上市公司那么便利，供应链资金管理对非上市公司显得更为必要，对大客户或供应商的依赖性可能更高，因此所得结论及对策建议是否适合非上市公司，也是一个值得实证检验的问题。

（2）本书选取的时间范围是 2007～2020 年，该时期的外部环境属于后金融危机时代，自 2008 年世界金融危机以来，各行各业基本上都处于资金链吃紧的状态，而在 2008 年之前，我国经济发展处于上行期，企业市场环境和融资环境都处于宽松阶段，外部环境差异可能对企业营运资金管理政策产生不同影响，但遗憾的是证监会要求我国上市公司对前五大供应商及客户信息进行披露始于 2007 年，而 2007 年之前披露前五大供应商和客户信息的公司样本极少，难以搜集到足够的样本比较经济上行期与下行期供应链集中度对营运资金动态调整影响的差异。因而所得结论也只适用于后金融危机期间。

（3）本书主要探讨了供应链集中度对企业营运资金偏离程度与调整速度的直接结果，由于无法区分偏离程度和调整速度的样本，暂时无法对偏离程度和调整速度的结果做出进一步的实证检验，目前只能从已有文献和理论上进行推断，这给研究留下了一定的遗憾。

（4）供应链关系涉及企业本身的情况，同时也涉及企业的上游供应商和下游客户的情况，而目前我国上市公司在披露前五大客户及供应商信息时通常没有给出供应商及客户名称，导致难以从前五大供应商或大客户角度做更深一步的分析。

8.2.2　研究展望

未来研究将围绕以下三方面内容展开。

（1）以案例分析方式进行研究。营运资金动态调整是一个持续的过程，可选择典型案例，长时期观测供应链集中度与营运资金的变化情况，进一步考察营运资金动态调整带来的后果。

（2）进一步从供应商或客户角度入手，考察不同特征的供应商或客户视角下供应链集中度对营运资金动态调整的影响。

（3）管理层的个性特征对企业经营行为有重要影响，因而营运资金管理活动可能受企业管理层个性特征的影响，进而对供应链关系管理产生影响，从管理层的特征出发研究营运资金动态调整问题也可能是未来的一个研究方向。

参 考 文 献

[1] 鲍群，赵秀云．产权性质、供应商关系与公司风险 [J]．中南财经政法大学学报，2016，216（3）：117－123．

[2] 岑斌．货币政策对过度负债企业去杠杆的影响研究 [D]．杭州：浙江理工大学，2020．

[3] 陈国辉，孙莉儒，孙剑．环境不确定性、高管权力与权益资本成本 [J]．财经问题研究，2017，403（6）：79－85．

[4] 陈峻，王雄元，彭旋．环境不确定性、客户集中度与权益资本成本 [J]．会计研究，2015，337（11）：76－82，97．

[5] 陈峻，张志宏．环境不确定性、客户集中度与投资效率 [J]．财经论丛，2016，206（4）：54－61．

[6] 陈峻，张志宏．客户集中度对企业资本结构动态调整的影响——财政政策调节效应的实证分析 [J]．财政研究，2016，399（5）：90－101．

[7] 陈克兢，李延喜，曾伟强，张婷婷．上市公司营运资金影响因素及调整速度实证研究 [J]．当代会计评论，2015，12（3）：43－58．

[8] 陈效东，周嘉南，黄登仕．高管人员股权激励与公司非效率投资：抑制或者加剧？[J]．会计研究，2016，345（7）：42－49．

[9] 陈玉．经济周期、市场议价能力与营运资本的动态调整 [D]．天津：天津财经大学，2019．

[10] 邓可斌，曾海舰．中国企业的融资约束：特征现象与成因检验 [J]．经济研究，2014，49（2）：47－60．

[11] 方红星，张勇，王平．法制环境、供应链集中度与企业会计信息可比性 [J]．会计研究，2017，357（7）：33－40，96．

[12] 方军雄．所有制、制度环境与信贷资金配置 [J]．经济研究，

2007, 476 (12): 82 – 92.

[13] 何玉润, 林慧婷, 王茂林. 产品市场竞争、高管激励与企业创新——基于中国上市公司的经验证据 [J]. 财贸经济, 2015, 399 (2): 125 – 135.

[14] 何少聪. 银行关联和营运资金融资结构——基于 A 股上市公司的实证研究 [J]. 财经理论研究, 2022, 206 (3): 67 – 77.

[15] 顾晓安, 王晓军, 李文卿. 供应链集中度、产权差异与盈余透明度 [J]. 技术经济, 2021, 40 (1): 107 – 117.

[16] 郭剑花, 杜兴强. 政治联系、预算软约束与政府补助的配置效率——基于中国民营上市公司的经验研究 [J]. 金融研究, 2011, 368 (2): 114 – 128.

[17] 胡国晖, 袁静茹. 宏观经济波动、信用倾向与中小企业融资方式——基于中小上市公司的实证分析 [J]. 金融论坛, 2016, 21 (11): 42 – 51.

[18] 胡本勇, 张家维. 基于收益共享的移动 App 供应链合作的博弈分析 [J]. 管理工程学报, 2020, 34 (5): 137 – 144.

[19] 黄晓波, 张琪, 郑金玲. 上市公司客户集中度的财务效应与市场反应 [J]. 审计与经济研究, 2015, 30 (2): 61 – 71.

[20] 江伟, 底璐璐, 彭晨. 客户集中度影响银行长期贷款吗——来自中国上市公司的经验证据 [J]. 南开管理评论, 2017, 20 (2): 71 – 80.

[21] 蒋薇薇, 赵增耀, 王喜. 企业家过度自信、股权制衡与商业信用——来自中小板上市公司的经验证据 [J]. 商业研究, 2015, 458 (6): 155 – 162.

[22] 蒋姗姗. 经济政策不确定性对我国旅游上市公司营运资本动态调整影响研究 [D]. 桂林: 桂林理工大学, 2020.

[23] 江桢涛. 营运资本投资对公司价值的影响及其动态调整分析 [D]. 南京: 南京财经大学, 2018.

[24] 焦小静, 张鹏伟. 客户集中度影响公司股利政策吗: 治理效应抑或风险效应 [J]. 广东财经大学学报, 2017, 32 (4): 70 – 81.

[25] 鞠晓生, 卢荻, 虞义华. 融资约束、营运资本管理与企业创新可持续性 [J]. 经济研究, 2013, 48 (1): 4 – 16.

［26］李坤榕．公司治理与营运资本的动态调整［D］．大连：东北财经大学，2017.

［27］李任斯，刘红霞．供应链关系与商业信用融资——竞争抑或合作［J］．当代财经，2016，377（4）：115－127.

［28］李刚，段凯．供应商与客户集中度对制造业上市公司现金股利的影响分析［J］．商业经济研究，2016，702（11）：181－183.

［29］李艳平．供应链集中对企业经营绩效的影响及其路径研究［D］．武汉：中南财经政法大学，2017.

［30］李艳平，陈正林，朱忆琳．企业供应商、客户关系及供应链整合对现金持有量的影响［J］．统计与决策，2016，458（14）：171－174.

［31］李姝，王笑之，翟士运．客户集中度、产权性质与营运资本决策［J］．财经问题研究，2017，403（6）：72－78.

［32］李鑫，于辉．产品服务供应链的"双重收益共享"合作机制［J］．中国管理科学，2019，27（12）：43－54.

［33］连玉君，彭方平，苏治．融资约束与流动性管理行为［J］．金融研究，2010，364（10）：158－171.

［34］廖义刚．环境不确定性、多元化经营与权益资本成本［J］．财经理论与实践，2015，36（1）：78－83.

［35］林钟高，郑军，卜继栓．环境不确定性、多元化经营与资本成本［J］．会计研究，2015，328（2）：36－43.

［36］卢锐，柳建华，许宁．内部控制、产权与高管薪酬业绩敏感性［J］．会计研究，2011，288（10）：42－48.

［37］陆正飞，杨德明．商业信用：替代性融资，还是买方市场？［J］．管理世界，2011，211（4）：6－14.

［38］刘康兵．融资约束、营运资本与公司投资：来自中国的证据［J］．复旦学报（社会科学版），2012，48（2）：43－53.

［39］刘康兵，申朴．融资约束、不确定性与公司投资：基于制造业上市公司面板数据的证据［J］．南开经济研究，2011，160（4）：86－97.

［40］吕峻．营运资本的经济周期效应与货币政策效应研究［J］．财经问题研究，2015，383（10）：95－103.

[41] 罗栋梁, 王基臣, 史先让. 客户集中度、股东网络与应计盈余管理 [J]. 经济与管理评论, 2022, 38 (3): 116 – 134.

[42] 马影. 市场化进程与营运资本动态调整 [D]. 大连: 东北财经大学, 2016.

[43] 潘红波, 余明桂. 集团内关联交易、高管薪酬激励与资本配置效率 [J]. 会计研究, 2014, 324 (10): 20 – 27.

[44] 彭旋, 王雄元. 客户股价崩盘风险对供应商具有传染效应吗? [J]. 财经研究, 2018, 44 (2): 141 – 153.

[45] 蒲文燕, 王山慧. 融资约束、高管薪酬和研发投资 [J]. 湖南社会科学, 2015, 167 (1): 134 – 137.

[46] 戚聿东, 张任之. 行业利润率平均化判别: 垄断性行业与竞争性行业 [J]. 改革, 2015, 251 (1): 47 – 54.

[47] 饶品贵, 姜国华. 货币政策对银行信贷与商业信用互动关系影响研究 [J]. 经济研究, 2013, 48 (1): 68 – 82.

[48] 饶品贵, 岳衡, 姜国华. 通货膨胀预期与企业存货调整行为 [J]. 经济学 (季刊), 2016, 15 (2): 499 – 526.

[49] 沈红波, 刘智博, 洪康隆. 债券信用评级能否反映大客户风险? [J]. 财务研究, 2021, 42 (6): 35 – 47.

[50] 宋华, 杨晓叶. 基于营运资金信息匹配平台的供应链金融动态折扣决策研究 [J]. 运筹与管理, 2021, 30 (12): 92 – 99.

[51] 盛明泉, 张春强, 王烨. 高管股权激励与资本结构动态调整 [J]. 会计研究, 2016, 340 (2): 44 – 50.

[52] 盛明泉, 张敏, 马黎珺等. 国有产权、预算软约束与资本结构动态调整 [J]. 管理世界, 2012, 222 (3): 151 – 157.

[53] 宋振. 动态环境下营运资本的竞争效应分析 [D]. 长沙: 湖南大学, 2012.

[54] 孙兰兰, 王竹泉. 议价能力、货币政策与商业信用政策动态调整 [J]. 江西财经大学学报, 2016, 107 (5): 43 – 53.

[55] 孙兰兰, 翟士运, 王竹泉. 供应商关系、社会信任与商业信用融资效应 [J]. 软科学, 2017, 31 (2): 71 – 74.

[56] 孙兰兰，王竹泉．供应链关系、产权性质与营运资金融资结构动态调整——基于不同行业景气度的分析 [J]．当代财经，2017，390（5）：115－125．

[57] 何平均，李菁菁．客户集中度与供应链金融信用风险——基于中小企业板制造业上市公司的实证研究 [J]．征信，2018，36（7）：21－26．

[58] 田志龙，刘昌华．客户集中度、关键客户议价力与中小企业绩效——基于中小企业板制造业上市公司的实证研究 [J]．预测，2015，34（4）：8－13．

[59] 唐跃军．供应商、经销商议价能力与公司业绩——来自2005—2007年中国制造业上市公司的经验证据 [J]．中国工业经济，2009，259（10）：67－76．

[60] 王冬梅，朱先朋．宏观经济因素对中小制造企业营运资本管理的影响机理研究 [J]．现代管理科学，2013，247（10）：42－45．

[61] 王迪，刘祖基，赵泽朋．供应链关系与银行借款——基于供应商/客户集中度的分析 [J]．会计研究，2016，348（10）：42－49．

[62] 王怀明，陈雪．公司治理、环境不确定性与债务资本成本 [J]．南京审计大学学报，2016，13（5）：66－74．

[63] 王雄元，王鹏，张金萍．客户集中度与审计费用：客户风险抑或供应链整合 [J]．审计研究，2014，182（6）：72－82．

[64] 王博梓．产业政策、融资约束与营运资本的动态调整 [D]．天津：天津财经大学，2018．

[65] 王贞洁，王竹泉．经济危机、信用风险传染与营运资金融资结构——基于外向型电子信息产业上市公司的实证研究 [J]．中国工业经济，2013，308（11）：122－134．

[66] 王贞洁，王竹泉．基于供应商关系的营运资金管理——"锦上添花"抑或"雪中送炭" [J]．南开管理评论，2017，20（2）：32－44．

[67] 王竹泉，孙兰兰．市场势力、创新能力与最优商业信用供给 [J]．山西财经大学学报，2016，38（10）：36－46．

[68] 王俊秋，毕经纬．客户集中度、现金持有与公司竞争优势 [J]．审计与经济研究，2016，31（4）：62－70．

[69] 吴娜. 经济周期、融资约束与营运资本的动态协同选择 [J]. 会计研究, 2013, 310 (8): 54-61.

[70] 吴娜, 于博, 王博梓. 市场化进程、创新投资与营运资本的动态调整 [J]. 会计研究, 2017, 356 (6): 82-88.

[71] 吴娜, 于博. 客户集中度、体恤效应与商业信用供给 [J]. 云南财经大学学报, 2017, 33 (4): 141-152.

[72] 向锐, 洪镜淳. 供应商—客户关系与会计稳健性 [J]. 投资研究, 2020, 39 (4): 77-95.

[73] 徐虹, 林钟高, 芮晨. 客户关系与企业研发投资决策 [J]. 财经论丛, 2016, 203 (1): 47-56.

[74] 阳丹, 赫然. 金融危机、产权性质、商业信用配置及经济后果研究 [J]. 宏观经济研究, 2014, 184 (3): 125-135.

[75] 余明桂, 潘红波. 金融发展、商业信用与产品市场竞争 [J]. 管理世界, 2010, 203 (8): 117-129.

[76] 袁奋强, 惠志鹏. 实际货币供给、企业风险承担与营运资本目标结构的动态调整选择 [J]. 审计与经济研究, 2021, 36 (2): 116-127.

[77] 张勇. 金融发展、供应链集中度与企业债务融资成本 [J]. 金融论坛, 2017, 22 (4): 54-67.

[78] 张先敏. 供应链管理与经营性营运资金管理绩效: 影响机理与实证检验 [D]. 青岛: 中国海洋大学, 2013.

[79] 张淑英. 宏观经济形势与企业营运资金需求动态调整研究 [J]. 产经评论, 2015, 6 (4): 133-147.

[80] 张亮亮, 黄国良. 管理者超额薪酬与资本结构动态调整 [J]. 财贸研究, 2013, 24 (5): 148-156.

[81] 张西征, 刘志远. 中国上市公司商业信用周期性变化的宏观经济动因研究 [J]. 经济理论与经济管理, 2014, 282 (6): 41-56.

[82] 张志宏, 陈峻. 客户集中度对企业现金持有水平的影响——基于A股制造业上市公司的实证分析 [J]. 财贸研究, 2015, 26 (5): 148-156.

[83] 张敏, 马黎珺, 张胜. 供应商-客户关系与审计师选择 [J]. 会计研究, 2012, 302 (12): 81-86.

[84] 郑军，林钟高，彭琳. 高质量的内部控制能增加商业信用融资吗? ——基于货币政策变更视角的检验 [J]. 会计研究，2013，308 (6)：62 - 68.

[85] 郑立东，程小可. 宏观经济增长、企业竞争地位与商业信用政策——兼与行业特征因素的综合考察 [J]. 财贸研究，2014，25 (6)：145 - 152.

[86] 张云迪. 产权性质、融资约束与营运资本动态调整 [D]. 大连：东北财经大学，2017.

[87] 张艳秋，周行. 政策不确定性、产融结合与营运资本动态调整 [J]. 上海立信会计金融学院学报，2021，33 (6)：80 - 91.

[88] 郑登攀，章丹. 外部关系集中度、内部经理人治理对技术创新绩效的影响研究 [J]. 科学学与科学技术管理，2016，37 (5)：85 - 95.

[89] 褚剑，方军雄. 客户集中度与股价崩盘风险：火上浇油还是扬汤止沸 [J]. 经济理论与经济管理，2016，307 (7)：44 - 57.

[90] 周冬华，梁晓琴. 客户集中度、分析师跟进与会计信息可比性 [J]. 山西财经大学学报，2018，40 (7)：112 - 124.

[91] 庄伯超，余世清，张红. 供应链集中度、资金营运和经营绩效——基于中国制造业上市公司的实证研究 [J]. 软科学，2015，29 (3)：9 - 14.

[92] Afrifa G A. Net Working Capital, Cash Flow and Performance of UK SMEs [J]. Review of Accounting and Finance, 2015, 15 (1): 21 - 44.

[93] Patatoukas et al. Customer-Base Concentration and Inventory Efficiencies: Evidence from the Manufacturing Sector [J]. Production and Operations Management Society, 2015, 25 (2): 258 - 272.

[94] Akinlo O. Determinants of Working Capital Requirements in Selected Quoted Companies in Nigeria [J]. Journal of African Business, 2012, 13 (1): 40 - 50.

[95] Aktas N, Croci E, Petmezas D. Is Working Capital Management Value Enhancing? Evidence from Firm Performance and Investments [J]. Journal of Corporate Finance, 2015, 30 (5): 98 - 113.

［96］Altman et al. Financial Ratios, Discriminant Analysis and the Prediction of Corporate Bankruptcy ［J］. Journal of Finance, 1968, 23 (4): 589 – 609.

［97］Almeida H, Campello M et al. The Cash Flow Sensitivity of Cash ［J］. The Journal of Finance, 2004 (4): 1777 – 1804.

［98］Almeida J R, Eid W. Access to Finance, Working Capital Management and Company Value: Evidences from Brazilian Companies Listed on BM and FBOVESPA ［J］. Journal of Business Research, 2014, 67 (5): 924 – 934.

［99］Amarjit S G, Biger N. The Impact of Corporate Governance on Working Capital Management Efficiency of American Manufacturing Firms ［J］. Managerial Finance, 2013, 39 (2): 116 – 132.

［100］Balakrishnan R, Linsmeier T J, Venkatachalam M. Financial Benefits from JIT Adoption: Effects of Customer Concentration and Cost Structure ［J］. The Accounting Review, 1996, 71 (2): 183 – 205.

［101］Banerjee S, Dasgupta S, Kim Y. Buyer-supplier Relationships and the Stakeholder Theory of Capital Structure ［J］. Journal of Finance, 2008, 63 (5): 2507 – 2552.

［102］Basu S. Investment Performance of Common Stocks in Relation to Their Price-earnings Ratios: A Test of the Efficient Market Hypothesis ［J］. Journal of Finance, 1977, 32 (4): 663 – 682.

［103］Bao B H, Bao D H. Change in Inventory and Firm Valuation ［J］. Review of Quantitative Finance and Accounting, 2004, 22 (7): 53 – 71.

［104］Banos-Caballero S, Martínez-Solano et al. Working Capital Management in SMEs ［J］. Accounting and Finance, 2010, 50 (3): 11 – 527.

［105］Banos-Caballero S, Martínez-Solano et al. How Does Working Capital Management Affect the Profitability of Spanish SMEs? ［J］. Small Business Economics, 2012, 39 (12): 517 – 529.

［106］Baos-Caballero S, Martínez-Solano et al. The Speed of Adjustment in Working Capital Requirement ［J］. The European Journal of Finance, 2013, 19 (10): 978 – 992.

［107］Banos-Caballero S, Martínez-Solano et al. Working Capital Management, Corporate Performance, and Financial Constraints [J]. Journal of Business Research, 2014, 67 (10): 332 – 338.

[108] Barrot J N. Trade Credit and Industry Dynamics: Evidence from Trucking Firms [J]. The Journal of Finance, 2016, 71 (5): 1975 – 2016.

[109] Bates T, Kahle K, Stulz, R. Why Do US Enterprises Hold So Much More Cash than They Used To? [J]. The Journal of Finance. 2009 (64): 1985 – 2021.

[110] Beauchamp C, Hardin W, Hill M, Lawrey C. Frictions and the Contribution of Inventory to Share-holder Wealth [J]. Journal of Accounting Reviews, 2014, 37 (5): 385 – 403.

[111] Ben-Nasr, Cosset J C. State Ownership, Political Institutions, and Stock Price Informativeness: Evidence from Privatization [J]. Journal of Corporate Finance, 2014, 29 (1): 179 – 199.

[112] Ben-nasr H. State and Foreign Ownership and the Value of Working Capital Management [J]. Journal of Corporate Finance, 2016, 41 (6): 217 – 240.

[113] Blois K J. Economic Concentration and Customer-Supplier Relations [J]. International Journal of Physical Distribution and Materials Management, 1978, 9 (1): 39 – 44.

[114] Borisova G, Megginson W L. Does Government Ownership Affect the Cost of Debt? Evidence from Privatization [J]. Review of Financial Studies, 2011, 24 (4), 26 – 37.

[115] Boisjoly R. The Cash Flow Implications of Managing Working Capital and Capital Investment [J]. Journal of Economic Studies, 2009, 15 (4): 98 – 109.

[116] Brown D T, Fee C E. Financial Leverage and Bargaining Power with Suppliers: Evidence from Leveraged Buyouts [J]. Journal of Corporate Finance, 2009, 15 (2): 196 – 211.

[117] Campello M, Gao J. Customer Concentration and Loan Contract Terms [J]. Journal of Financial Economics, 2017, 123 (11): 108 – 136.

[118] Cao Y, Dong Y Z et al. Customer Concentration and Corporate Risk-

taking [J]. Journal of Financial Stability, 2021, 54 (8): 100890.

[119] Cao F, Zhang X Y, Yuan R L. Do Geographically Nearby Major Customers Mitigate Suppliers' Stock Price Crash Risk? [J]. The British Accounting Review, 2022, 10 (2): 11 – 18.

[120] Casalin F, Pang G, Sara Maioli S, Ting Cao. Inventories and the Concentration of Suppliers and Customers: Evidence from the Chinese Manufacturing Sector [J]. International Journal of Production Economics, 2017, 193 (4): 148 – 159.

[121] Cassell C A, Huang S X, Sanchez J M, Stuart M D. Seeking Safety: The Relation between CEO Inside Debt Holdings and the Riskiness of Firm Investment and Financial Policies [J]. Journal of Accounting and Economics, 2012, 103 (6): 588 – 610.

[122] Chen K. Suppliers' Relationship-specific Investments and Customers' Management Forecasts [J]. Advances in Accounting, 2022, 59 (10): 6 – 26.

[123] Chen J, Su X H, Tian X, Xu B. Does Customer-Base Structure Influence Managerial Risk-taking Incentives? [J]. Journal of Financial Economics, 2022, 143 (3): 462 – 483.

[124] Chen R, El Ghoul S, Guedhami O et al. Do State and Foreign Ownership Affect Investment Efficiency? [J]. Journal of Corporate Finance, 2014 (29): 179 – 199.

[125] Chaney P K, Faccio M, Parsley D C. The Quality of Accounting Information in Politically Connected Firms [J]. Journal of Accounting and Economics, 2011 (51): 58 – 76.

[126] Choi W G, Kim Y. Trade Credit and the Effect of Macro-financial Shocks: Evidence from US Panel Data [J]. Journal of Financial and Quantitative Analysis, 2005, 40 (4): 897 – 925.

[127] Chiou J R, L Cheng. The Determinants of Working Capital Management [J]. Journal of American Academy of Business, 2006, 10 (1): 149 – 155.

[128] Cohen L. Economic Links and Predictable Returns [J]. Journal of Finance, 2008, 63 (4): 1977 – 2011.

[129] Cunat V. Trade Credit: Suppliers as Debt Collectors and Insurance Providers [J]. Review of Financial Studies, 2007, 20 (2): 491 –527.

[130] Deloof M. Does Working Capital Management Affect Profitability of Belgian Firms? [J]. Journal of Business Finance and Accounting, 2003, 30 (7): 573 –587.

[131] Deloof M, Jegers M. Trade Credit, Product Quality, and Intragroup Trade: Some European Evidence [J]. Financial Management, 1996, 25 (3): 33 –43.

[132] Dhaliwal D, Michas P N, Naiker V, Sharma D. Major Customer Reliance and Auditor Going-Concern Decisions [R]. Working Paper, The University of Arizona, 2014.

[133] Dhaliwal D, Judd J S, Serfling M, Shaikh S. Customer Concentration Risk and the Cost of Equity Capital [J]. Journal of Accounting Economics, 2016, 61 (1): 23 –48.

[134] Ding S, Guariglia A, Knight J. Investment and Financing Constraints in China: Does Working Capital Management Make a Difference? [J]. Journal of Banking and Finance, 2013, 37 (5): 1490 –1507.

[135] Dittmar A, Mahrt-Smith J. Corporate Governance and the Value of Cash Holdings: Journal of Financial Economics, 2007 (83): 599 –634.

[136] Djankov S, McLeish C, Shleifer A. Private Credit in 129 Countries [J]. Journal of Financial Economics, 2007 (84): 299 –329.

[137] Dowlatshahi S. Bargaining Power in Buyer-supplier Relationships [J]. Production and Inventory Management Journal, 1999, 40 (1): 27 –36.

[138] Dong Y Z, Li C, Li H Y. Customer Concentration and M&A Performance [J]. Journal of Corporate Finance, 2021, 69 (1): 37 –53.

[139] Drobetz W, Grüninger MC, Hirschvogl S. Information Asymmetry and the Value of Cash [J]. Journal of Banking and Finance, 2010, 34 (5): 68 –84.

[140] Etiennot H, Preve L A, Sarria-Allende V. Working Capital Management: An Exploratory Study [J]. Journal of Applied Finance, 2012, 22 (1): 162 –175.

[141] Fabbri D, Menichini M C. Trade Credit, Collateral Liquidation, and Borrowing Constraints [J]. Journal of Financial Economics, 2010, 96 (3): 413 – 432.

[142] Fama E F, French K R. Taxes, Financing Decisions, and Firm Value [J]. Journal of Finance, 1998, 53 (8): 819 – 843.

[143] Faulkender M, Wang R. Corporate Financial Policy and the Value of Cash [J]. Journal of Finance, 2006, 61 (9): 1957 – 1990.

[144] Fazzari S M, Petersen B C. Working Capital and Fixed Investment: New Evidence on Financing Constraints [J]. Journal of Accounting and Economics, 1993, 24 (11): 328 – 342.

[145] Fee C E, Thomas S. Sources of Gains in Horizontal Mergers: Evidence from Customer, Supplier, and Rival Firms [J]. Journal of Financial Economics, 2004, 74 (3): 423 – 460.

[146] Ferreira M, Vilela A. Why Do Enterprises Hold Cash? Evidence from EMU Countries [J]. European Financial Management, 2004, 10 (2): 295 – 319.

[147] Fisman R, Love I. Trade Credit, Financial Intermediary Development and Industry Growth [J]. Journal of Finance. 2003, 58 (1): 353 – 374.

[148] Fisman R, Raturi M. Does Competition Encourage Credit Provision? Evidence from African Trade Credit Relationships [J]. Review of Economics and Statistics, 2004, 86 (1): 345 – 352.

[149] Garcia-Appendini E, Montoriol-Garriga J. Firms as Liquidity Providers: Evidence from the 2007 – 2008 Financial Crisis [J]. Journal of Financial Economics, 2013, 109 (1): 272 – 291.

[150] García-Teruel P, Martínez-Solano P. Effects of Working Capital Management on SME Profitability [J]. Financial Management, 2007, 54 (3): 164 – 177.

[151] Garcia Teruel P J, Martinez S P. A Dynamic Approach to Accounts Receivable: A Study of Spanish SMEs [J]. European Financial Management, 2010, 16 (3): 400 – 421.

[152] Gençay R, Signori D, Xue Y et al. Economic Links and Credit Spreads [J]. Journal of Bank Finance, 2015, 55 (3): 157 –169.

[153] Giannetti M, Burkart M, Ellingsen T. What You Sell is What You Lend? Explaining Trade Credit Contracts [J]. Review of Financial Studies, 2011, 24 (4): 1261 –1298.

[154] Gibilaro L, Mattarocci G. Measuring Customers' Portfolio Concentration for Rating Agencies [J]. International Journal of Bank Marketing, 2011, 29 (4): 333 –356.

[155] Giesecke K et al. Correlations, Credit Contagion, and Portfolio Losses [J]. Journal of Bank Finance, 2004, 28 (12): 3009 –3036.

[156] Gilson S C. Management Turnover and Financial Distress [J]. Journal of Financial Economics, 1989, 25 (2): 241 –262.

[157] Gosman M, Kelly T, Olsson P, Warfield T. The Profitability and Pricing of Major Customers [J]. Review of Accounting Studies, 2004, 9 (1): 117 – 139.

[158] Grzegorz H. Risk Pressure and Inventories Levels. Influence of Risk Sensitivity On Working Capital Levels [J]. Economic Computation and Economic Cybernetics Studies and Research, 2016, 50 (1): 188 –196.

[159] Guan Y, Wong M F, Zhang Y. Analyst Following along the Supply Chain [J]. Review of Accounting Studies, 2015, 20 (1): 210 –241.

[160] Hill M D, Kelly G W, Highfield M J. Net Operating Working Capital Behavior: A First Look [J]. Financial Management, 2010, 39 (2): 783 –805.

[161] Hill, Kelly and Highfield. Net Operating Working Capital Behavior: A First Look [J]. Journal of Business Research, 2014, 43 (5): 332 –338.

[162] Hertzel M G, Li Z, Rodgers K J. Inter-firm Linkages and the Wealth Effects of Financial Distress along the Supply Chain [J]. Journal of Financial Economics, 2008, 87 (2), 374 –387.

[163] Huang H H, Lobo G J, Wang C, Xie H. Customer Concentration and Corporate Tax Avoidance [J]. Journal of Bank Finance, 2016, 72 (6): 184 – 200.

[164] Hua Z Y, Yang H Y, Zhang Y Y. Shared Auditors, Social Trust and Relationship-Specific Investment in the Supply Chain [J]. Journal of Contemporary Accounting and Economics, 2022, 36 (6): 84 – 105.

[165] Huang H H, Lobo G J, Wang C, Xie H. Customer Concentration and Corporate Tax Avoidance? [J]. Journal of Banking and Finance, 2016 (72): 184 – 200.

[166] Hui K W, Klasa S, Yeung P E. Corporate Suppliers and Customers and Accounting Conservatism [J]. Journal of Financial Economics, 2012, 53 (1): 115 – 135.

[167] Irvine P J, Park S S et al. Customer-Base Concentration, Profitability, and the Relationship Life Cycle [J]. The Accounting Review, 2015, 91 (3): 883 – 906.

[168] Itzkowitz J. Customers and Cash: How Relationships Affect Suppliers' Cash Holdings [J]. Journal of Corporate Finance, 2013, 19 (9): 159 – 180.

[169] Itzkowitz J. Buyers as Stakeholders: How Relationships Affect Suppliers' Financial Constraints [J]. Journal of Corporate Finance, 2015, 31 (10): 54 – 66.

[170] Jarrow R A, Yu F. Counterparty Risk and the Pricing of Defaultable Securities [J]. Journal of Finance, 2001, 56 (5): 1765 – 1799.

[171] Johnson W. The Certification Role of Large Customers in the New Issues Market [J]. Financial Management, 2010 (39).

[172] Kwak K, Kim N. Concentrate or Disperse? The Relationship between Major Customer Concentration and Supplier Profitability and the Moderating Role of Insider Ownership [J]. Journal of Business Research, 2020, 109 (4): 648 – 658.

[173] Kale J R, Shahrur H. Corporate Capital Structure and the Characteristics of Suppliers and Customers [J]. Journal of Financial Economics, 2007, 83 (2): 321 – 365.

[174] Kalwani M U. Long-Term Manufacturer-Supplier Relationships: Do They Pay off for Supplier Firms [J]. Journal of Marketing, 1995 (59).

[175] Kenton B Walker, Eric N Johnson. A Review and Synthesis of Re-

search on Supplier Concentration, Quality and Fee Structure in Non-U. S. Markets for Auditor Services [J]. International Journal of Accounting, 1996, 31 (1): 1 – 18.

[176] Khurana I K, Martin X, Pereira R. Financial Development and the Cash Flow Sensitivity of Cash [J]. Journal of Financial and Quantitative Analysis, 2006 (4): 787 – 808.

[177] Kim J B, Song B Y, Zhang Y. Earnings Performance of Major Customers and Bank Loan Contracting with Suppliers [J]. Journal of Bank Finance, 2015, 59 (2), 384 – 398.

[178] Kim Y H. The Effects of Major Customer Networks on Supplier Profitability [J]. Journal of Supply Chain Management, 2017, 53 (1): 26 – 40.

[179] Ki-Jung Ju, Byeonghwa Park, Taikyoo Kim. Causal Relationship between Supply Chain Dynamic Capabilities, Technological Innovation, and Operational Performance [J]. Management and Production Engineering Review, 2016, 7 (4): 6 – 15.

[180] Kolay M, Lemmon M, Tashjian E. Distress-Related Spillover Effects in the Supply Chain: Information Revelation or Real Economic Cost? [R]. Working Paper, University of Utah, 2015.

[181] Kong X. Why are Social Network Transactions Important? Evidence Based on the Concentration of Key Suppliers and Customers in China [J]. China Journal of Accounting Research, 2011 (4): 121 – 133.

[182] Krolikowski M, Yuan X J. Friend or Foe: Customer-Supplier Relationships and Innovation [J]. Journal of Business Research, 2017 (78): 53 – 68.

[183] Kyröläinen P, Tan I, Karjalainen P. How Creditor Rights Affect the Value of Cash: A Cross-country Study [J]. Journal of Corporate Finance, 2013 (22): 278 – 298.

[184] Lamberson M. Changes in Working Capital of Small Firms in Relation to Changes in Economic Activity [J]. Mid-American Journal of Business, 1995, 10 (2): 45 – 50.

[185] Lanier D, Wempe W F, Zacharia Z G. Concentrated Supply Chain Membership and Financial Performance: Chain and Firm-level Perspectives [J]. Journal of Operations Management, 2010 (28): 1 – 16.

[186] Lang L H, Stulz R. Contagion and Competitive Intra-industry Effects of Bankruptcy Announcements: An Empirical Analysis [J]. Journal of Financial Economics, 1992, 32 (1): 45 – 60.

[187] Lanier D, Wempe W F, Zacharia Z G. Concentrated Supply Chain Membership and Financial Performance: Chain and Firm-level Perspectives [J]. Journal of Operations Management, 2009, 28 (1): 1 – 16.

[188] Lee C F. Expectation Formation and Financial Ratio Adjustment Processes [J]. The Accounting Review, 1988, 63 (2): 292 – 306.

[189] Lee Y W, Stowe J D. Product Risk, Asymmetric Information, and Trade Credit [J]. Journal of Financial and Quantitative Analysis, 1993 (28): 285 – 300.

[190] Lee S M, Jiraporn P, Song H. Customer Concentration and Stock Price Crash Risk [J]. Journal of Business Research, 2020 (110): 327 – 346.

[191] Lian Y l. Financial Distress and Customer-Supplier Relationships [J]. Journal of Corporate Finance, 2017 (43): 397 – 406.

[192] Livdan D, Oliveira M, Kadapakkam P R. Effects of Customer Financial Distress on Supplier Capital Structure [J]. Journal of Corporate Finance, 2017 (42): 131 – 149.

[193] Li K M. Innovation Externalities and the Customer/Supplier Link [J]. Journal of Banking and Finance, 2018 (86): 101 – 112.

[194] Liu B, Ju T. The Diverse Impact of Heterogeneous Customer Characteristics on Supply Chain Finance: Empirical Evidence from Chinese Factoring [J]. International Journal of Production Economics, 2022 (243): 108321.

[195] Love I, Preve L A, Sarria-Allende V. Trade Credit and Bank Credit: Evidence from Recent Financial Crises [J]. Journal of Financial Economics, 2007, 83 (2): 453 – 469.

[196] Long M S, Malitz I B, Ravid S A. Trade Credit, Quality Guarantees

and Product Marketability [J]. Financial Management, 1993, 22 (4): 117 – 127.

[197] Ma X F, Wang W M, Wu J G, Zhang W L. Corporate Customer Concentration andStock Price Crash Risk [J]. Journal of Banking and Finance, 2020 (119): 105903.

[198] Martínez-Sola C, García-Teruel P, Martínez-Solano P. Trade Credit and SME Profitability [J]. Small Business Economics, 2014, 42 (3): 561 – 577.

[199] Martinez-Sola C, Garcia-Teruel P J, Martinez-Solano P. Trade Credit Policy and Firm Value [J]. Accounting and Finance, 2013, 53 (3): 791 – 808.

[200] Matthew D, Michael J et al. Highfield. Net Operating Working Capital Behavior: A First Look [J]. Financial Management, 2010, 53 (2): 783 – 805.

[201] Mian S L, Smith C W. Accounts Receivable Management Policy: Theory and Evidence [J]. The Journal of Finance, 1992, 47 (1): 169 – 200.

[202] Mihova A. Customer-base Concentration and the Transmission of Idiosyncratic Volatility along the Vertical Chain [J]. Journal of Empirical Finance, 2017 (40): 73 – 100.

[203] Mihov A, Naranjo A. Customer-base Concentration and the Transmission of Idiosyncratic Volatility along the Vertical Chain [J]. Journal of Empirical Finance, 2017, 409 (11): 73 – 100.

[204] Modigliani F, Miller M H. The Cost of Capital, Corporation Finance and the Theory of Investment [J]. The American Economic Review, 1958, 48 (3): 261 – 297.

[205] Mulhern F J. Customer Profitability Analysis: Measurement, Concentration and Research Directions [J]. Journal of Interactive Marketing, 1999, 13 (1): 25 – 40.

[206] Murfin J, Njoroge K. The Implicit Costs of Trade Credit Borrowing by Large Firms [J]. Review of Financial Studies, 2015 (28): 112 – 145.

[207] Nihat, Akt, Ettore, Croci, Dimitris Petmezas. Is Working Capital Management Value-Enhancing? Evidence from Firm Performance and Investments

[J]. Journal of Corporate Finance, 2015 (30): 98 –113.

[208] Nunn K P. The Strategic Determinants of Working Capital: A Product-line Perspective [J]. The Journal of Financial Research, 1981 (3): 57 –91.

[209] Obaid Ur Rehman, Xiaoxing Liu, Kai Wu, Ziyan Zhu. Customer Concentration and Speed of Capital Structure Adjustments [J]. SSRN Electronic Journal, 2021 (55): 48 –62.

[210] Olsen C, Dietrich J R. Vertical Information Transfers: The Association between Retailers' Sales Announcements and Suppliers' Security Returns [J]. The Accounting Review, 1985, 27 (6): 144 –166.

[211] Opler T C, Titman S. Financial Distress and Corporate Performance [J]. Journal of Finance, 1985, 49 (3): 1015 –1040.

[212] Pais M A, Gama P M. Working Capital Management and SMEs Profitability: Portuguese Evidence [J]. International Journal of Managerial Finance, 2015, 11 (3): 341 –358.

[213] Pan J P, Yu M J, Liu J Y, Fan R. Customer Concentration and Corporate Innovation: Evidence from China [J]. North American Journal of Economics and Finance, 2020, 54 (10): 101 –118.

[214] Pang J G. Supply Chain Quality and Pricing Decisions under Multi-Manufacturer Competition [J]. Industrial Management and Data Systems, 2018, 118 (1): 164 –187.

[215] Patatoukas P N. Customer-Base Concentration: Implications for Firm Performance and Capital Markets [J]. The Accounting Review, 2012, 87 (2): 363 –392.

[216] Paul J, Irvine, Shawn Saeyeul Park, Celim Yıldızhan. Customer-Base Concentration, Profitability, and the Relationship Life Cycle [J]. The Accounting Review, 2016 (91): 883 –906.

[217] Peng X, Wang X Y, Yan L N. How Does Customer Concentration Affect Informal Financing? [J]. International Review of Economics and Finance, 2019 (63): 152 –162.

[218] Petersen M, Rajan R G. Trade Credit: Theories and Evidence [J].

Review of Financial Studies, 1997 (103): 661 –691.

[219] Peles Y C, M I Schneller. The Duration of the Adjustment Process of Financial Ratios [J]. The Review of Economics and Statistics, 1989, 71 (3): 527 –532.

[220] Petersen M A, Rajan R G. Trade Credit: Theories and Evidence [J]. Review of Financial Studies, 1997, 10 (3): 661 –691.

[221] Piercy N, Lane N. The Underlying Vulnerabilities in Key Account Management Strategies [J]. European Management Journal, 2006 (24): 151 – 162.

[222] Rahim S A. Working Capital Management and Corporate Performance: Case of Malaysia [J]. Journal of Modern Accounting and Auditing, 2010, 5 (11): 190 –194.

[223] Raman K, Shahrur H. Relationship-Specific Investments and Earnings Management: Evidence on Corporate Suppliers and Customers [J]. The Accounting Review, 2008, 83 (4): 1041 –1081.

[224] Ravenscraft D. Structure-Profit Relationships at the Line of Business and Industry level [J]. Review of Economics and Statistics, 1983 (65): 22 – 31.

[225] Frankel R, Levy H, Shalev R. Factors Associated with the Year-End Decline in Working Capital [J]. Management Science, 2016.

[226] Schumacher U. Buyer Structure and Seller Performance in U. S. Manufacturing Industries [J]. The Review of Economics and Statistics, 1991, 73 (2): 277 –284.

[227] Stump R L. Antecedents of Purchasing Concentration: A Transaction Cost Explanation [J]. Journal of Business Research, 1995, 34 (2): 145 –157.

[228] Walter A, Ritter T, Gemünden H G. Value Creation in Buy-Seller Relationships [J]. Industrial Marketing Management, 2001, 30 (4): 365 –377.

[229] Wang J. Do Firms' Relationships with Principal Customers/Suppliers Affect Shareholders' Income? [J]. Journal of Corporate Finance, 2012, 18 (4): 860 –878.

［230］ Wen W, Ke Y, Liu X J. Customer Concentration and Corporate Social Responsibility Performance: Evidence from China ［J］. Emerging Markets Review, 2021 (46): 100755.

［231］ Willekens M, Achmadi C. Pricing and Supplier Concentration in the Private Client Segment of the Audit Market: Market Power or Competition? ［J］. International Journal of Accounting, 2003, 38 (4): 431 – 455.

［232］ WU K, Yang W. Analysis of the Effect of Credit Fluctuation on Capital Structure of Listed Companies ［J］. International Business and Management, 2017, 15 (1): 37 – 47.

［233］ Wu W F, Michael F, Oliver M R. Trust and the Provision of Trade Credit ［J］. Journal of Banking and Finance, 2014 (39): 146 – 159.

［234］ Yang Z Y. Customer Concentration, Relationship, and Debt Contracting ［J］. Journal of Applied Accounting Research, 2017, 18 (2): 185 – 207.

［235］ Zhang X D, Zou M F, Liu W M, Zhang Y F. Does a Firm's Supplier Concentration Affect Its Cash Holding? ［J］. Economic Modelling, 2020 (90): 527 – 535.

［236］ Zhao Z Q, Wu D X, Sha S. Bargaining Power of Suppliers and Buyers, and Accounting Conservatism—Evidence from Chinese Manufacturing Listed Companies ［J］. Journal of Financial Risk Management, 2015, 4 (1): 11 – 21.

［237］ Zmijewski M E. Methodological Issues Related to the Estimation of Financial Distress Prediction Models ［J］. The Accounting Review, 1984 (15): 59 – 82.

［238］ Zhu M H, Yeung C L, Zhou H G. Diversify or Concentrate: The Impact of Customer Concentration on Corporate Social Responsibility ［J］. International Journal of Production Economics, 2021 (240): 108214.